列国志

GUIDE TO
THE WORLD
NATIONS 新版

丁海彬
编著 | *MICRONESIA*

密克罗尼西亚

社会科学文献出版社
SOCIAL SCIENCES ACADEMIC PRESS (CHINA)

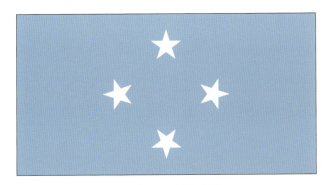

密克罗尼西亚联邦国旗

密克罗尼西亚联邦国徽

南玛都尔古城（太平洋岛国贸易与投资专员署　供图）

第二次世界大战时期的坦克（太平洋岛国贸易与投资专员署　供图）

当地人身着传统服饰制作萨考酒
（太平洋岛国贸易与投资专员署　供图）

萨考盆（丁海彬　摄）

传统航海工艺品（丁海彬 摄）

击鼓人偶（丁海彬 摄）

传统服饰中的草裙（丁海彬 摄）

出版说明

  《列国志》编撰出版工作自 1999 年正式启动,截至目前,已出版 144 卷,涵盖世界五大洲 163 个国家和国际组织,成为中国出版史上第一套百科全书式的大型国际知识参考书。该套丛书自出版以来,受到社会各界的广泛好评,被誉为"21 世纪的《海国图志》",中国人了解外部世界的全景式"窗口"。

  这项凝聚着近千学人、出版人心血与期盼的工程,前后历时十多年,作为此项工作的组织实施者,我们为这皇皇 144 卷《列国志》的出版深感欣慰。与此同时,我们也深刻认识到当今国际形势风云变幻,国家发展日新月异,人们了解世界各国最新动态的需要也更为迫切。鉴于此,为使《列国志》丛书能够不断补充最新资料,更好地服务于社会各界,我们决定启动新版《列国志》编撰出版工作。

  与已出版的 144 卷《列国志》相比,新版《列国志》无论是形式还是内容都有新的调整。国际组织卷次将单独作为一个系列编撰出版,原来合并出版的国家将独立成书,而之前尚未出版的国家都将增补齐全。新版《列国志》的封面设计、版面设计更加新颖,力求带给读者更好的阅读享受。内容上的调整主要体现在数据的更新、最新情况的增补以及章节设置的变化等方面,目的在于进一步加强该套丛书将基础研究和应用对策研究相结合,将基础研究成果应用于实践的特色。例如,增加了各国有关资源开发、环境治理的内容；特设"社会"一章，介绍各国的国民生活情况、社会管理经验以及存在的社会问题，等等；增设"大事纪年"，方便读者在短时间内熟悉各国的发展线索；增设"索引"，便于读者根据人名、地名、关键词查找所需相关信息。

顺应时代发展的要求，新版《列国志》将以纸质书为基础，全面整合国别国际问题研究资源，构建列国志数据库。这是《列国志》在新时期发展的一个重大突破，由此形成的国别国际问题研究资讯平台，必将更好地服务于中央和地方政府部门应对日益繁杂的国际事务的决策需要，促进国别国际问题研究领域的学术交流，拓宽中国民众的国际视野。

新版《列国志》的编撰出版工作得到了各方的支持：国家主管部门高度重视，将其列入"国家'十二五'重点出版规划项目"；中国社会科学院将其列为创新工程学术出版资助项目，王伟光院长亲自担任编辑委员会主任，指导相关工作的开展；国内各高校和研究机构鼎力相助，国别国际问题研究领域的知名学者相继加入编辑委员会，提供优质的学术指导。相信在各方的通力合作之下，新版《列国志》必将更上一层楼，以崭新的面貌呈现给读者，在中国改革开放的新征程中更好地发挥其作为"知识向导"、"资政参考"和"文化桥梁"的作用！

新版《列国志》编辑委员会
2013 年 9 月

前　言

自 1840 年前后中国被迫开关、步入世界以来，对外国舆地政情的了解即应时而起。还在第一次鸦片战争期间，受林则徐之托，1842 年魏源编辑刊刻了近代中国首部介绍当时世界主要国家舆地政情的大型志书《海国图志》。林、魏之目的是为长期生活在闭关锁国之中、对外部世界知之甚少的国人"睁眼看世界"，提供一部基本的参考资料，尤其是让当时中国的各级统治者知道"天朝上国"之外的天地，学习西方的科学技术，"师夷之长技以制夷"。这部著作，在当时乃至其后相当长一段时间内，产生过巨大影响，对国人了解外部世界起到了积极的作用。

自那时起中国认识世界、融入世界的步伐就再也没有停止过。中华人民共和国成立以后，尤其是 1978 年改革开放以来，中国更以主动的自信自强的积极姿态，加速融入世界的步伐。与之相适应，不同时期先后出版过相当数量的不同层次的有关国际问题、列国政情、异域风俗等方面的著作，数量之多，可谓汗牛充栋。它们对时人了解外部世界起到了积极的作用。

当今世界，资本与现代科技正以前所未有的速度与广度在国际间流动和传播，"全球化"浪潮席卷世界各地，极大地影响着世界历史进程，对中国的发展也产生极其深刻的影响。面临不同以往的"大变局"，中国已经并将继续以更开放的姿态、更快的步伐全面步入世界，迎接时代的挑战。不同的是，我们所面临的已不是林则徐、魏源时代要不要"睁眼看世界"、要不要"开放"问题，而是在新的历史条件下，在新的世界发展大势下，如何更好地步入世界，如何在融入世界的进程中更好地维护民族国家的主权与独立，积极参与国际事务，为维护世界和平，促进世界与人类共同发展做出贡献。这就要求我们对外部世界有比以往更深切、全面的了解，我们只有更全面、更深入地了解世界，才能在更高的层次上融入世界，也才能在融入世界的进程中不迷失方向，保持自我。

与此时代要求相比，已有的种种有关介绍、论述各国舆地政情的著述，无论就规模还是内容来看，已远远不能适应我们了解外部世界的要求。人们期盼有更新、更系统、更权威的著作问世。

中国社会科学院作为国家哲学社会科学的最高研究机构和国际问题综合研究中心，有 11 个专门研究国际问题和外国问题的研究所，学科门类齐全，研究力量雄厚，有能力也有责任担当这一重任。早在 20 世纪 90 年代初，中国社会科学院的领导和中国社会科学出版社就提出编撰"简明国际百科全书"的设想。1993 年 3 月 11 日，时任中国社会科学院院长胡绳先生在科研局的一份报告上批示："我想，国际片各所可考虑出一套列国志，体例类似几年前出的《简明中国百科全书》，以一国（美、日、英、法等）或几个国家（北欧各国、印支各国）为一册，请考虑可行否。"

中国社会科学院科研局根据胡绳院长的批示，在调查研究的基础上，于 1994 年 2 月 28 日发出《关于编纂〈简明国际百科全书〉和〈列国志〉立项的通报》。《列国志》和《简明国际百科全书》一起被列为中国社会科学院重点项目。按照当时的计划，首先编写《简明国际百科全书》，待这一项目完成后，再着手编写《列国志》。

1998 年，率先完成《简明国际百科全书》有关卷编写任务的研究所开始了《列国志》的编写工作。随后，其他研究所也陆续启动这一项目。为了保证《列国志》这套大型丛书的高质量，科研局和社会科学文献出版社于 1999 年 1 月 27 日召开国际学科片各研究所及世界历史研究所负责人会议，讨论了这套大型丛书的编写大纲及基本要求。根据会议精神，科研局随后印发了《关于〈列国志〉编写工作有关事项的通知》，陆续为启动项目拨付研究经费。

为了加强对《列国志》项目编撰出版工作的组织协调，根据时任中国社会科学院院长李铁映同志的提议，2002 年 8 月，成立了由分管国际学科片的陈佳贵副院长为主任的《列国志》编辑委员会。编委会成员包括国际片各研究所、科研局、研究生院及社会科学文献出版社等部门的主要领导及有关同志。科研局和社会科学文献出版社组成《列国志》项目工作组，社会科学文献出版社成立了《列国志》工作室。同年，《列国志》项目被批准为中国社会科学院重大课题，新闻出版总署将《列国志》项目列入国家重点图书出版计划。

在《列国志》编辑委员会的领导下，《列国志》各承担单位尤其是各位学者加快了编撰进度。作为一项大型研究项目和大型丛书，编委会对《列国志》提出的基本要求是：资料翔实、准确、最新，文笔流畅，学术性和可读性兼备。《列国志》之所以强调学术性，是因为这套丛书不是一般的"手册""概览"，而是在尽可能吸收前人成果的基础上，体现专家学者们的研究所得和个人见解。正因为如此，《列国志》在强调基本要求的同时，本着文责自负的原则，没有对各卷的具体内容及学术观点强行统一。应当指出，参加这一浩繁工程的，除了中国社会科学院的专业科研人员以外，还有院外的一些在该领域颇有研究的专家学者。

现在凝聚着数百位专家学者心血，共计 141 卷，涵盖了当今世界 151 个国家和地区以及数十个主要国际组织的《列国志》丛书，将陆续出版与广大读者见面。我们希望这样一套大型丛书，能为各级干部了解、认识当代世界各国及主要国际组织的情况，了解世界发展趋势，把握时代发展脉络，提供有益的帮助；希望它能成为我国外交外事工作者、国际经贸企业及日渐增多的广大出国公民和旅游者走向世界的忠实"向导"，引领其步入更广阔的世界；希望它在帮助中国人民认识世界的同时，也能够架起世界各国人民认识中国的一座"桥梁"，一座中国走向世界、世界走向中国的"桥梁"。

《列国志》编辑委员会
2003 年 6 月

序

于洪君[*]

太平洋岛国地处太平洋深处，主要指分布在大洋洲除澳大利亚和新西兰以外的 20 余个国家和地区。太平洋岛国历史悠久，早在公元前 8000 年前就有人类居住。在近代西方入侵之前，太平洋岛国大多处于原始社会时期。随着西方殖民者不断入侵，太平洋岛国相继沦为殖民地。二战结束后，这一区域主要实行托管制，非殖民化运动在各国随即展开。从 1962 年萨摩亚独立至今，该地区已有 14 个国家获得独立，分别是萨摩亚、库克群岛、瑙鲁、汤加、斐济、纽埃、巴布亚新几内亚、所罗门群岛、图瓦卢、基里巴斯、瓦努阿图、马绍尔群岛、密克罗尼西亚联邦和帕劳。

太平洋岛国所在区域战略位置重要。西北与东南亚相邻，西连澳大利亚，东靠美洲，向南越过新西兰与南极大陆相望。该区域还连接着太平洋和印度洋，扼守美洲至亚洲的太平洋运输线，占据北半球通往南半球乃至南极的国际海运航线，是东西、南北两大战略通道的交汇处。不仅如此，太平洋岛国和地区还拥有 2000 多万平方公里的海洋专属区，海洋资源与矿产资源丰富，盛产铜、镍、

---

[*] 原中国驻乌兹别克斯坦大使、中共中央对外联络部原副部长、全国政协外事委员会委员、中国人民争取和平与裁军协会副会长、聊城大学太平洋岛国研究中心名誉主任。

金、铝矾土、铬等金属和稀土，海底蕴藏着丰富的天然气和石油。近年来，该区域已经成为世界各大国和新兴国家战略博弈的竞技场。

太平洋岛国也是21世纪海上丝绸之路的自然延伸和亚太一体化的重要组成部分。中国同太平洋岛国的传统友谊和文化交往源远流长，早在19世纪中期就有华人远涉重洋移居太平洋岛国，参与了这一地区的开发。近年来，中国与太平洋岛国的合作日渐加强，在政治、经济、文化、教育等领域都取得丰硕成果。目前，中国在南太平洋地区拥有最大规模的外交使团。同时，中国在经济上也成为该地区继澳大利亚和美国之后的第三大援助国，并设立了"中国－太平洋岛国论坛"、"中国－太平洋岛国经济技术合作论坛"等对话沟通平台。2014年11月，中国国家主席习近平在斐济与太平洋建交岛国领导人举行集体会晤，一致决定构建相互尊重、共同发展的战略合作伙伴关系，携手共筑命运共同体，为中国与太平洋岛国关系掀开历史新篇章。

由于太平洋岛国地小人稀，且长期远离国际冲突热点，处于世界事务的边缘，因而在相当长一段时期被视为"太平洋最偏僻的地区"。中国的地区国别研究长时期以来主要聚焦于近邻国家，加之资料有限，人才不足，信息沟通偏弱，对太平洋岛国关注度较低，因此国内学界对此区域总体上了解不多，研究成果比较匮乏。而美、英、澳、新等西方学者因涉足较早，涉猎较广，且有充足的资金与先进的手段作支撑，取得了不菲的成果，但这些成果多出于西方国家的全球战略及本国利益的需要，其立场与观点均带有浓厚的西方色彩，难以完全为我所用。

近年来，随着中国融入世界的步伐不断加快，国际地位显著提高，中国在全球的利益分布日趋广泛。与越来越多的国家和地区进行友好交往并扩大互利合作，是日渐崛起的中国进一步参与全球化进程，开展中国特色大国外交的客观要求，也是包括太平洋岛国在内的国际社会对中国的殷切期待。更全面更深入的地区研究，必将为中国进一步发挥国际影响力，大步走向世界舞台中心提供强有力的支持。2011年11月，教育部向各高校下发《关于培育区域和国别以及国际教育研究基地的通知》和《高等学校哲学社会科学"走出去"计划》，希望建设一批既具有专业优势又能产生重要影响的智囊团和思想库。中共中央政治局委员、国务院副总理刘延东也多次提及国别研究立项和"民间智库"问题，鼓励有条件的大学新设国别研究机构。

在这种形势下，聊城大学审时度势，结合国家战略急需、区域经济社会发展需求及自身条件，在历史文化与旅游学院"南太平洋岛国研究所"的基础上，整合世界史、外国语、国际政治等全校相关学科资源，于2012年9月成立了"聊城大学太平洋岛国研究中心"。中心聘请中国现代国际关系研究院副院长、中央电视台国际问题顾问、博士生导师李绍先研究员等为兼职教授。著名世界史学家、国家级教学名师王玮教授担任中心首席专家。密克罗尼西亚联邦驻华大使苏赛亚等多位太平洋岛国驻华外交官被聘为中心荣誉学术顾问。在有关各方的大力支持下，中心以太平洋岛国历史与社会形态、对外关系、政情政制、经贸旅游等为研究重点，致力于打造太平洋岛国研究领域具有专业优势和重要影响的国家智库，力图为国家和地方与太平洋岛国进行政治、经济、社会、文化等领域的交流与合作，增进中国和太平洋岛国人民之间的了解和友谊提供智力支撑和学术支持，为国内的太平洋岛国研究提供学术交流与互动的平台。

中心建立以来，已取得一系列可喜成绩。目前中心已建成国内最齐全、数量达 3000 余册的太平洋岛国研究资料中心和数据库，并创建国内首个以太平洋岛国研究为主题的学术网站及微信公众号；定期编印《太平洋岛国研究通讯》，并向国家有关部门提交研究报告；在研省部级以上课题 8 项。2014 年，中心成功举办了国内首届"太平洋岛国研究高层论坛"，论坛被评为"山东社科论坛十佳研讨会"，与会学者提交的 20 余篇优秀论文辑为《太平洋岛国的历史与现实》，由山东大学出版社于 2014 年 12 月正式出版。《太平洋学报》2014 年第 11 期刊载了中心研究人员的 12 篇学术论文，澳大利亚《太平洋历史杂志》（*The Journal of Pacific History*）对中心学者及其研究成果进行了介绍。这表明，太平洋岛国研究中心的研究开始引起国内外学术界的关注。

中心成立伊始，负责人陈德正教授就提出了编撰太平洋岛国丛书的设想，并组织了编撰队伍，由吕桂霞教授拟定了编撰体例，李增洪教授、王作成博士等也做了不少编务工作。在丛书编撰过程中，适逢社会科学文献出版社承担的中国社会科学院创新工程学术出版资助项目、"十二五"国家重点图书出版规划项目——新版《列国志》编撰出版工作启动。考虑到《列国志》丛书所拥有的品牌影响力和社会美誉度，研究中心积极申请参与新版《列国志》编撰出版工作。在社会科学文献出版社谢寿光社长、人文分社宋月华社长的大力支持下，中心人员编撰的太平洋岛国诸卷得以列入新版《列国志》丛书，给中心以极大的鼓舞和激励。为了使中心人员编撰的太平洋岛国诸卷更加符合新版《列国志》的编撰要求，人文分社总编辑张晓莉女士在编撰体例调整方面给予了诸多帮助。

在此一并致谢。

因其特殊的地缘特征，太平洋岛国战略价值的重要性毋庸置疑，同时，在中国建设 21 世纪海上丝绸之路的过程中，作为中国大周边外交格局一份子的太平洋岛国的重要性也不言而喻。新版《列国志》太平洋岛国诸卷的出版，不仅可填补国内在太平洋岛国研究领域的空白，同时也为我国涉外机构、高等院校、科研机构及出境旅行人员提供一套学术性、知识性、实用性、普及性兼顾的有关太平洋岛国的图书。一书在手，即可明了对国人而言充满神秘色彩的太平洋诸岛国的历史、民族、宗教、政治、经济以及外交等基本情况。聊城大学太平洋岛国研究中心也将以新版《列国志》太平洋岛国诸卷的出版为契机，将太平洋岛国研究逐步推向深入。

CONTENTS

目 录

CONTENTS

目　录

CONTENTS
目 录

CONTENTS

目 录

CONTENTS

目 录

第一章

概　览

第一节　国土与人口

一　名称区分及国土面积

在系统介绍密克罗尼西亚联邦之前，首先要对密克罗尼西亚岛群和密克罗尼西亚联邦做一区分。太平洋上共有三大岛群，分别为密克罗尼西亚（Micronesia）、美拉尼西亚（Melanesia）和波利尼西亚（Polynesia）。三大岛群总面积约为 18 万平方公里。

密克罗尼西亚岛群由马里亚纳群岛（Mariana Islands，分属北马里亚纳和关岛）、加罗林群岛（Caroline Islands，分属帕劳和密克罗尼西亚联邦）、马绍尔群岛（Marshall Islands）、瑙鲁岛（Nauru Island）、巴纳巴岛（Banaba Island）、吉尔伯特群岛（Gilbert Islands，属基里巴斯）组成，在南纬 4°~北纬 22°、东经 130°~东经 180°之间，绝大部分岛屿位于赤道以北，其南方是美拉尼西亚岛群，东方是波利尼西亚岛群。该岛群呈两弧状，中隔马里亚纳海沟（Mariana Trench），以珊瑚岛为主，有很大的环礁和珊瑚，也有火山岛。组成该岛群的岛屿一般都很小（"密克罗尼西亚"的希腊语原意即"小岛"），共有 2500 多个，其中只有 100 多个有人居住。

密克罗尼西亚联邦（The Federated States of Micronesia，英文简称"FSM"，中文简称"密联邦"）位于赤道以北西太平洋密克罗尼西亚岛群的加罗林群岛上，全国共由 607 个岛屿构成，其中 65 个岛屿有人居住。密联邦陆地面积 702.5 平方公里，水域面积 298 万平方公里，南北宽约 900 公里，东西延伸约 2700 公里。

二 行政区划及地理位置

密联邦共分 4 个州，西部两州与中国的时差为 2 小时，东部两州与中国的时差为 3 小时。从西向东分别为雅浦州（Yap）、丘克州（Chuuk）、波纳佩州（Pohnpei）和科斯雷州（Kosrae）。波纳佩州为全国最大的州，该国首都帕利基尔（Palikir）即位于该州。表 1-1 介绍了 2000 年密克罗尼西亚联邦各州的情况。

表 1-1　2000 年密克罗尼西亚联邦各州情况

单位：平方公里，人

州名	地理位置	陆地面积	人口	州首府
雅浦州	西加罗林群岛	120	11200	科罗尼亚市
丘克州	东加罗林群岛的西端	127.5	53500	韦诺市
波纳佩州	东加罗林群岛的中段	346	34500	科洛尼亚市
科斯雷州	东加罗林群岛最东端	109	7700	托福尔市

参考资料：密克罗尼西亚联邦政府网站。

雅浦州位于西加罗林群岛上，西距帕劳 454 公里，东北距关岛 858 公里，东与丘克州的直线距离约为 1300 公里（经关岛为

1886 公里）。除主岛外，另外还有 3 个较大的外岛、7 个小岛和 134 个更小的岛。全州陆地面积 120 平方公里，人口约有 1.12 万。该州首府及商业中心为位于本岛西南部的海湾城市科罗尼亚（Colonia）。

丘克州位于东加罗林群岛的西端，处于雅浦州和波纳佩州之间，东距波纳佩州 705 公里，西北距关岛 1028 公里。全岛除主岛韦诺（Weno）外，还有 6 个较大的外岛和 98 个小岛。该州陆地面积约为 127.5 平方公里，人口约有 5.35 万，超过全国人口的一半，主要居住在主岛。该州是密联邦人口最多的一个州，较多的失业人数对该州社会秩序有所影响。其州首府为该岛东部的韦诺市。

波纳佩州是密联邦首都帕利基尔所在地，素有"热带天堂"的美称。该州人口数为 3.45 万，陆地面积为 346 平方公里，首府为科洛尼亚（Kolonia）。该州位于太平洋赤道区以内、火奴鲁鲁和马尼拉中间，乘飞机从火奴鲁鲁、关岛均可到达。全州共有 11 个市，州长是行政首脑，由选举产生。州内有国际机场，该机场距首都 6 公里。中国浙江省与波纳佩州于 1999 年 9 月 25 日建立友好关系。

科斯雷州位于加罗林群岛最东端、关岛和夏威夷群岛之间，向南距离赤道 590 公里。该州下辖 5 个市，人口数量约为 7700 人，州面积为 109 平方公里。首府是托福尔（Tofol），位于科斯雷岛东北部。

三　地形与气候

密联邦多山地，各州的大岛均属于火山岛，为环形玄武岩地质结构，主岛外围的小岛多为环状珊瑚礁岛。该国现无活火山，无地震。波纳佩岛是密联邦最大的岛，全岛总面积 336 平方公里，岛上最高峰约 791 米，为该国最高峰。

密联邦的气候属于典型的热带海洋性气候，12 月至翌年 3 月为旱季，4 月至 11 月为雨季，年降雨量约 2000 毫米，年平均气温 27℃，一年四季气温变化不大。大约每 6～8 年出现一次由海水温度异常地持续变暖导致的一些地区干旱而另一些地区又降雨量过多的厄尔尼诺现象。该国是台风的发源地。波纳佩州有记录的最早的台风发生在 1957 年 12 月，最大的一次发生在 1991 年 11 月 25 日，其风速高达 32.9 米/秒。波纳佩州是世界上降水量最多的地方之一。

四　人口、民族、语言

密联邦人口为 10.69 万（2000 年），其中丘克州人口占一半以上。人口中密克罗尼西亚人占 97%，亚洲人占 2.5%，其他人占 0.5%。人口密度约为 152 人/平方公里。城市人口占 22%。人均预期寿命为 71.23 岁，文盲率为 11%。

密联邦的主要民族是密克罗尼西亚人。据考证，密克罗尼西亚人的祖先于 4000 年前从东南亚陆续迁来，随后有部分美拉尼西亚人和波利尼西亚人融入。密克罗尼西亚人可分为很多支系，如丘克人、波纳佩人、莫特劳克人、科斯雷人、雅浦人等。

密联邦 4 个州之间是广阔的水域，在欧洲人到来之前，各州之间的地理分割产生了各自独特的文化和传统，这些文化和传统今天仍然得到严格的遵守和维护，例如全国仍然存在 8 种迥异的土著语言。这 8 种语言都属于马来－波利尼西亚语系，分别是雅浦语（Yapese）、游里希语（Ulithian）、沃雷艾语（Woleaian）、丘克语

（Chuukese）、波纳佩语（Pohnpeian）、科斯雷语（Kosraean）、努库奥罗语（Nukuoro）、卡平阿马朗伊语（Kapingamarangi）。各州方言不通，彼此交流需用英语，官方语言为英语，有一些老人会说日语。

五　国旗、国徽、国歌

密联邦国旗启用于 1979 年 11 月 10 日，呈长方形，长与宽之比为 19∶10。旗面为浅蓝色，中间镶有 4 颗白色五角星。浅蓝色象征该国辽阔的海域，4 颗星分别代表该国的 4 个州：科斯雷州、波纳佩州、丘克州、雅浦州。

密联邦国徽启用于 1986 年，呈圆形。中心图案为椰子浮在海上。圆面上有代表该国 4 个州的 4 颗星。绶带上用英文写着"PEACE，UNITY，LIBERTY"（和平、统一、自由），绶带下的"1979"是联邦成立的年份。圆周上部和下部用英文写着"GOVERNMENT OF THE FEDERATED STATES OF MICRONESIA"（密克罗尼西亚联邦政府）。

密联邦国歌为《密克罗尼西亚的爱国者》（Patriots of Micronesia），又名《横跨密克罗尼西亚》，启用于 1991 年。具体内容为：

我们在此承诺，以我心与我手，全心全意奉献，给你，我们的祖国。全心全意奉献，给你，我们的祖国。

现在让我们一同歌唱，让联盟得以稳固，横跨密克罗尼西亚，我们手牵手。横跨密克罗尼西亚，我们手牵手。

我们共同努力，用真心、声音和双手，直到我们使这些群岛，成为另一个应许之地。直到我们使这些群岛，成为另一个应许之地。

第二节 民俗、宗教与节日

一 民俗

（一）崇敬传统领袖

雅浦州、丘克州和波纳佩州三州宪法均承认本州传统领袖的地位及其相关的世俗传统（科斯雷州无传统领袖）。当地传统领袖享有相当大的权力和威望，其他民众应对其十分恭敬。重大传统节日上，传统领袖均入座贵宾席，晚辈要单腿跪着用长竿从树上摘取用鲜花编成的花边帽和花环给其戴上，并需低头（不能用眼看）向其敬食和敬献萨考酒。晚辈不得在传统领袖和长者面前喝酒抽烟。在雅浦州还有专门的男人屋，即用草搭建的长方形高脚屋，男人们围坐在屋内，其中一端坐着传统领袖，中间放有烤肉用的2~3个大火盒。该屋是传统领袖训话或商量本族大事的屋子，女人不得入内。

（二）雅浦聚会所

在位于密联邦最西部的雅浦州，每个村庄都有保存完好的聚会所，当地人称其为"派拜"（Pe'bai）、"法鲁"（Faluw）。派拜是人们的活动场所。法鲁沿海设立，既作为男人的工作场所，同时还是学习传统手工技艺的场所。直至今日，女人仍然不得接近法鲁。这些美丽而传统的雅浦建筑完全使用当地材料手工建成。

（三）雅浦传统航海

雅浦人认为，独木舟连接了大海和陆地。独木舟完全由树叶帆和人力驱动，由信风、星星和海流指引，是过去岛民的交通工具和食品运输工具。近年仍有雅浦的航海人士乘传统独木舟到达日本、夏威夷和塔希提岛，以此传播这一几近失传的航海本领，加强彼此间的人文交流。每年 11 ~ 12 月，雅浦传统航海协会（The Yap Traditional Navigation Society）都举行一年一度的独木舟节，节日持续 3 天。

（四）禁忌

土地　土地是密克罗尼西亚人最重要的家庭私有产业。进入当地居民的私有土地应提前获得许可，最好有当地向导陪同，否则可能被视为冒犯和侵权行为。

妇女　妇女受到特别尊重，不得同其随便开玩笑。在公共场所，妇女要轻声慢语，少讲话。雅浦州的男人屋是传统领袖训话或商量本族大事的屋子，女人不得入内。雅浦州外岛男女均不着上衣，传统舞蹈的女表演者一般裸露上身，人们不得予以特别关注或随意拍照。外国女游客游泳上岸后不得穿比基尼泳装招摇过市。

周末　科斯雷州通常在周末，特别是星期天，进行宗教活动，禁止在公共场所饮酒或进行其他文体娱乐活动。

二　宗教

密联邦绝大多数人为基督教徒，主要是罗马天主教徒（50%）和新教徒（47%），新教徒大多受美国公理会的影响，另有 3% 的其他宗教信徒或不信教者。

波纳佩州的 3.5 万名基督徒中，新教徒和天主教徒各占 50%；丘克州和雅浦州的信众中，约 60% 为天主教徒，40% 为新教徒；科斯雷州的基督教徒约有 7800 人，其中 95% 是新教徒。宗教活动出席率较高，教会得到信众的广泛支持，在社会生活中起着重要作用。历史上发生过不同宗教或教派信众之间的不睦，但现在宪法保障信仰自由，信众之间和平相处。

三　节　日

密联邦节日较多，平时周六、周日休息。

密联邦的节日主要是宗教节日和历史纪念日。宗教节日包括耶稣受难日、感恩节、圣诞节等，历史纪念日包括马丁·路德·金诞辰纪念日、总统纪念日、密联邦宪法日和独立日/国庆日、各州解放日等（其中比较重要的是 11 月 3 日的独立日/国庆日和 5 月 10 日的宪法日）。各个节日的具体名称和日期如表 1-2 所示。

表 1-2　密克罗尼西亚联邦节日

节　日	日　期
元旦	1 月 1 日
马丁·路德·金诞辰纪念日	1 月的第三个星期一
总统纪念日	2 月的第三个星期一
雅浦解放日	2 月 28 日
文化节	3 月 31 日
耶稣受难日	复活节前的星期五
密联邦宪法日	5 月 10 日
劳动节	9 月的第一个星期一
科斯雷解放日	9 月 8 日
波纳佩解放日	9 月 11 日
丘克解放日	9 月 23 日
哥伦布日	10 月的第二个星期一
联合国日	10 月 24 日
密联邦独立日/国庆日	11 月 3 日
退伍军人节	11 月 11 日
感恩节	11 月的第四个星期四
圣诞节	12 月 25 日

第三节　特色资源

密联邦旅游资源较为丰富，不仅拥有秀丽的热带风光，而且保存着南玛都尔古城、石币银行等历史古迹。2013 年密联邦入境外国游客 13737 人次，游客主要来自美国、日本、菲律宾、澳大利亚以及欧洲各国。

一　历史遗迹

（一）南玛都尔古城（Nan Madol）

"南玛都尔"在当地语言中的意思是"环绕群岛的宇宙"。废城遗址位于波纳佩岛的东南岸，是由约 40 万根加工过的玄武岩巨石柱（有的重约 2 吨）构成的。100 多座建筑的遗迹如今仍散落在堤礁边上，它们建成于公元 500～1500 年，包括贵族住所与陵寝、佣人居住区、客房及分布在各个小岛上的储藏设施。古城曾是邵德雷尔王朝（The Saudeleur Dynasty）的首都，也是当时的政治和宗教中心。

（二）石币银行（Stone Money）

在雅浦群岛上，仍然存在着古代商品交易使用的石币。这在当今世界是独一无二的。石币为扁圆形，中间凿有洞，外形像铜钱。最大的石币直径达 3.5 米。当地居民按石币直径大小和形体厚薄论币值高低。石币不便随身携带，买卖双方谈妥货物价钱后，买方将货主带到路边自己的石币处"付钱"——石币仍留原地，只以记号标明主人的更替。

（三）彭派普史前岩画（Pohnpaip Petroglyphs）

彭（pohn）的意思是"上"，而派普（paip）的意思是"巨石"，那么波纳佩州的彭派普（Pohnpaip）史前岩画也就是"巨石上的岩画"的意思。巨石约5米高，舒缓倾斜，面积约为30平方米。岩画内容有剑、太阳、月亮、人群、鱼和人的足迹等。岩画的作者至今无人知晓，据说是很久以前从其他岛屿来的人。

（四）勒鲁遗迹（Lelu Ruins）

科斯雷州的勒鲁遗迹被称为太平洋岛国的奇迹之一，波纳佩州的南玛都尔古城和密联邦其他地方的遗迹与此类似。该遗迹曾作为古科斯雷的首府，其墙壁由整齐排列的巨大玄武岩石板（高约6.1米）构成。勒鲁遗迹有可能是19世纪后期的大都市遗迹，尽管这些玄武岩石板、水槽、街道、坟墓和居住区遗迹的矿床的成因可以追溯到13世纪。

（五）门科遗迹（Menke Ruins）

科斯雷州的门科遗迹建有面包树女神森拉克（Sinlaku）的庙宇。据说，在传教士于1852年到达前，森拉克女神一直居住于此，后来逃至雅浦岛。考古学家比尔兹利（Felicia Beardsley）认为，该遗迹可能是密联邦最古老的遗迹，或许比科斯雷的勒鲁遗迹和波纳佩的南玛都尔古城历史更为久远。

二　自然景观

（一）波纳佩州

除以上知名历史遗迹外，波纳佩州还有著名的瀑布和山洞景观。庞泰洞穴和瀑布（Pahn Takai Cave and Falls）拥有300米长的洞穴和50米高的瀑布。凯佩罗瀑布（Kepirohi Waterfall）高20米，

宽 30 米。南浦河瀑布和丽都都尼瀑布（Nanpil River/Liduduhniap Waterfall）是姊妹瀑布，也是游泳胜地。赖派庞瀑布（Lehn Paipohn Waterfall）流入波纳佩第一大湖，是观赏波纳佩州丰富的植物和鸟类资源的绝妙去处。萨瓦迪克瀑布和萨瓦拉普瀑布（Sahwartik/Sahwarlap Waterfall）是另一处姊妹瀑布。

（二）科斯雷州

科斯雷州的斯普因瀑布（Sipyen Waterfall）是游泳者和摄影者的所爱。观赏扫龙瀑布（Saolung Waterfall）应事先取得附近主人的同意。维亚鸟洞（Wiya Bird Cave）是成千上万只金丝燕的唯一居所，鸟粪为岛民的园艺植物提供养分。詹姆斯·鲍西斯海洋公园（James Palsis Marine Park）向游客展示密联邦最为独特的生态系统（红树林、潟湖、大叶藻），是科斯雷生物多样性保护区域，也是潜水、远足和野餐的好去处，有卫生间和淡水设施。尤特维－瓦隆海洋公园（Utwe－Walung Marine Park）向游客展示密联邦最为古老和多样的红树林资源，还有最为奇特的湖泊、小岛和红树林水道。2005 年，该景点在太平洋地区首先入选联合国教科文组织生物圈保护区（Biosphere Reserves）。

科斯雷州州立博物馆（Kosrae State Museum）位于托福尔市，展示科斯雷遗迹中出土的各种珍贵历史文物和其他特色文化物品，该博物馆向公众免费开放。巨蛤农场（Giant Clam Farm）曾作为国家水产基地养殖超过 3 米长的巨蛤,现在农场由一家公私合营公司密克罗尼西亚管理和营销公司（Micronesia Management and Marketing Enterprises，简称 MMME）运营，产品出口欧美。该公司还培育用以出口或在礁石上养殖的珊瑚，并养殖其他海产品。所产珊瑚和巨蛤的 10% 被重新放回大海，用以维护生态平衡。该公司位于勒鲁长堤之上，拥有世界上最好的设施，易于到达，员工友好。耶拉卡树林（Yela Ka Forest）是世界上保护最好的原始热带雨林，林内迄今无路可寻，内有世界罕见的淡水沼泽，卡树环绕周围，被密联邦保护主义者盛赞为"密克罗尼西亚红杉"，访问该区域需征得耶拉环境管理当局的许可。

除此以外，科斯雷州的景点还包括芬考山步道（Mt. Finkol Hiking Trail），这里拥有高 688 米的科斯雷最高峰和全球海拔最低的雨林区。芬考是世界上最潮湿的地区之一，游览此处需要导游指引，且要求游客身体强健，全程需要 7~8 个小时。托尔金笔下《霍比特人》中的巨型榕树在此密布，游人可以饱览无余。奥玛山步道（Mt. Oma Hiking Trail）拥有科斯雷独特的自然景观，包括各类动植物、瀑布和洞穴。奥玛山比芬考山略低，景色同样令人过目难忘。

（三）丘克州

在丘克州的同纳卡瓦山登山步道（Mt. Tonaachawand Hiking Trail），游人可以一览韦诺最高峰——229 米高的艾拉斯峰（Iras），这座山是传说中的苏万尼拉斯神（Souwoniras）和他儿子的家园。该山坐落在维肯河（Wichon）和瀑布之侧。据说迄今仍存的维肯会议厅就是韦诺长老们当年会见楚克族长的长子普玫（Poomey）之地。丘克州还有古战场和日本灯塔，灯塔由日军建于 20 世纪 30 年代，登上去游人可一览韦诺美景，其他岛屿、环礁和沙洲也尽收眼底。

三　首都帕利基尔

帕利基尔（Palikir）是密联邦首都，约有人口 7000 人（2015 年）。历史上波纳佩曾在部落首领统治之下，而帕利基尔当时是一个不知名的小村。尽管葡萄牙人和西班牙人早在 16 世纪就发现了波纳佩岛，但西班牙人直到 1886 年才对其开始殖民统治。1898 年美西战争爆发后，德国从西班牙手中购买了加罗林群岛。一战时该地区由日本控制，二战时日本在科洛尼亚附近建设了机场，二战后岛屿由美国管理。1979 年密联邦成立后，决定把帕利基尔地区建设为首都，1989 年正式定都于此。美国为此投资了 1500 万美元，建设了政府办公楼、居民设施和总统官邸。如今的帕利基尔虽然不大，却是密联邦的核心枢纽。

帕利基尔位于波纳佩岛西北核心区。该岛由高山和低矮的珊瑚环礁组成，是密联邦最大、最高、最潮湿和最美丽的岛屿，周围由茂密的森林环绕。该市向东 10 公里即是波纳佩第一大市（同时是该州首府）科洛尼亚。多罗旺山/托托洛姆山（Dolohmwar/Totolom）海拔 791 米，是该岛最高峰。

帕利基尔气温终年保持稳定，平均低温在 24℃ 左右，平均高温在 31℃ 左右。年均降雨 4798 毫米，降雨量每月基本平均分布。

帕利基尔的主要经济形式是渔业（包括鱼类加工和水产养殖）和种植业。当地主要的农作物包括芋头、地瓜、树薯、蔬菜、大米、可可等，主要水果有椰子和面包果。服装和鱼类、香蕉、黑胡椒等主要出口到日本。进口产品包括食物、制成品、饮料和机械设备等。主要的经济活动除鱼类捕捞外，也有小规模的磷酸盐等采矿活动。帕利基尔虽然名义上经济独立，但事实上严重依赖与美国签订的《自由联系条约》的财政支持。因多依赖进口，帕利基尔物价较高，2012 年通货膨胀率为 2%。

第二章

历　史

第一节　远古时期

　　早在四五万年前，由于冰川时期海平面降低，密克罗尼西亚人的祖先通过陆桥开始从东南亚来到这里定居。一万年前，大冰河时代结束，海平面上升，南太平洋不同岛屿上的居民开始形成独自的文化。早期居民有着深色皮肤和卷曲的头发，以狩猎和采集为生。

　　至9000年前，园艺技术从亚洲传播过来，种植业和猪、鸡、狗等家畜的饲养代替了原始的生活模式。大约5000年前，来自日本、中国、菲律宾群岛的蒙古人种来到雅浦岛及其周边岛屿。他们有浅色皮肤和黑色直发。随后有部分美拉尼西亚人和波利尼西亚人迁入。在欧洲殖民者侵入前，社会处在原始公社制解体阶段，阶级分化已经非常明显，乃至出现早期奴隶制。但是，母系氏族制度仍然普遍存在，氏族首领多为女性，女性祖先崇拜依然盛行。

第二节　密克罗尼西亚帝国

　　密克罗尼西亚帝国是在欧洲殖民者侵入前，该地区分散的首领管理系统进化成的一个更集中的以雅浦为中心的经济和宗教帝国。它与大洋洲以汤加的汤加塔布岛为中心的图依汤加帝国（Tu'i Tonga Empire）同期。

一　邵德雷尔王朝时期

波纳佩的殖民前历史分为三个阶段：建设期或定居期（Period of Building or Period of Peopling，大约1100年之前）、邵德雷尔王朝时期（The Saudeleur Dynasty，大约1100~1628年）、酋长统治时期（Period of the Nahnmwarki or Kings，大约1628~1885年）。

根据波纳佩岛居民的口头传说以及考古发现，邵德雷尔王朝大约建立在12世纪中期，波纳佩岛首次有了政府治理。王朝的第一位统治者奥罗索帕（Olosohpa）在波纳佩岛东部海岸建立了大型的石造政治和宗教中心南玛都尔，从此开始了世袭统治。据说在奥罗索帕之后邵德雷尔王朝一共存续了12代共16位君主。岛上的土地所有权和宗教仪式都掌握在邵德雷尔君主的手中。不同地方的社区各自负责不同的工作，譬如独木舟的建造、装饰品纺织、作物的种植等，并需要定期向王族纳贡，延迟或者不缴纳者将会受到严厉处罚。

邵德雷尔王朝统治着波纳佩岛和岛上的居民，统治者把土地租给地主，由地主监管农民的农作物种植。农民要经常向统治者贡奉贡品，贡品主要包括面包果、芋头、山药、海鲜。朝贡最初只是季节性的行为，慢慢却演变成平民的大部分收成都被统治者占据。平民不得不服劳役，忍受饥饿，最终沦为奴隶。民众的不满引发了至少两次对统治者的暗杀行动，但这只是造成统治者的更替。民众还通过蔑视王权和偷盗贡品来反抗压迫。

当大航海时代欧洲人第一次到达这里时，王朝已经开始进入衰退期。邵德雷尔家族逐渐失去了对地方领主的掌控，一位叫勒庞·帕利基尔（Lepen Palikir）的将军甚至在王城里谋杀了君主。国家动乱频频，宗教矛盾也愈发尖锐。邵德雷尔王朝的第一代统治者奥罗索帕实际上是一位来自外岛的酋长，因此在其后的几个世纪里邵德雷尔君主都强制向全岛推行其先祖的异地宗教仪式，打压波纳佩岛本地的传统神祇。最后宗教矛盾终于爆发，邵德雷尔君主放逐了一位颇受本岛人尊敬的祭司南萨普威（Nansapwe），此举使得邵德雷尔王朝最终丧失了民心。那位被放逐到科斯雷岛的南萨普威之子伊索克勒克（Isokelekel，被半神话了的英雄战士）在若干年后，率领族人浩浩荡荡地杀回波纳佩岛。伊索克勒克在途中并未受到有效的抵抗，顺利地攻入南玛都尔王城。邵德雷尔的末代君主佩雷敦萨（Pereidensapw）战败后狼狈地逃入深山之中，失去了踪迹。邵德雷尔王朝自此灭亡。

伊索克勒克推翻邵德雷尔家族的统治之后，便一改前代的做法，将土地分封给不同的贵族首领，让他们与自己的后裔共同治理波纳佩岛。象征着中央集权的宏伟宫城南玛都尔因而失去了它的地位，渐渐地被波纳佩岛的统治者们所弃用。

二 南玛都尔的衰败

南玛都尔曾是邵德雷尔王朝的政治、宗教、文化中心，至1500年一直是邵德雷尔王朝的首都。该区域人口超过1000人，极盛时期的人口可能是其数倍。虽然住有大量贵族，但其主要居民是平民。邵德雷尔王朝迁都于此，其目的是为了更好地控制和监视潜在的敌人。

南玛都尔没有淡水，也没有粮食生产，需要派人进入内陆去获取水和食物。这对于邵德雷尔王朝的统治者不是问题，因为其臣民能够向他们进贡这些东西。邵德雷尔王朝被推翻后，居住在南玛都尔的后人因寻找水源和食物不便，不得不抛弃南玛都尔而另寻他处。南玛都尔从此人口骤减，最终被废弃。

三　经济变迁

在殖民统治之前，密克罗尼西亚人大都可以独立生存。岛民之间进行物物交换，丰富的自然资源能够满足他们的日常所需。雅浦帝国（Yap Empire）时代，贸易区从雅浦岛的加吉尔地区一直延伸到楚克潟湖以西的那马维特群岛。

在 19 世纪，随着外国商人、捕鲸人、流浪汉和其他外国人的到来，密克罗尼西亚人的生活方式被改变了。金属工具比起密克罗尼西亚人通常使用的石制和木制器具拥有更高的价值和更好的质量，得到快速普及。

商人们来到密克罗尼西亚寻找可以卖到亚洲市场的物品，他们收集海参、海龟壳、鸟蛋和贝壳，以较好的价格卖到中国市场。据资料显示，那时仅波纳佩州每年出口的海龟壳就达 500 ~ 600 磅。

最后到达密克罗尼西亚的商人对椰干兴趣益然。椰干贸易始于 19 世纪 50 年代中期，很受当地人的欢迎，主要原因是当地居民能源源不断地从椰干贸易中得利。密克罗尼西亚人用卖椰干的钱购买进口物品，第一次在外国商人的影响下完全参与了商品现金交易。即便是外国商人离开之后，椰干贸易仍然是偏远村庄和小岛居民赖以生存的最为重要的收入来源，甚至影响了小规模的人口分布。

与欧洲人的接触促成了密克罗尼西亚的社会变化，对当地部落也有各种影响。波纳佩和雅浦成为殖民统治和商务活动的中心。这些中心周边的城镇也因此发生了深远的变化。人们从偏远地区和岛屿移民而来。随着货币经济的引入、私立及公立学校的建立，这些中心地区取得了类似西方模式的社会和政治的发展。

第三节　殖民统治时期

一　西班牙统治时期

在 16 世纪，欧洲人进入这片土地，最先是葡萄牙人寻找东印度群岛经过此地，接着是西班牙人到达现在的加罗林群岛，并在此建立了西班牙的政权。

为了发展东印度群岛和美国之间的跨太平洋贸易，西班牙开始探索新领土。1686 年，一名西班牙人以海上探险的资助者卡洛斯二世（Carlos II）的名字将关岛南部海岛命名为加罗林群岛，这个海岛也就是现在密克罗尼西亚联邦所在的岛屿。随后，一些西方的旅行者来到这里。1732 年，西班牙传教士的到来引发了西班牙人与当地居民的激烈冲突。西班牙大帆船运载着从美洲和亚太地区收集的丝绸、金银、香料和其他亚太岛民的农产品先到墨西哥，然后运回西班牙，与其他欧洲国家进行贸易。

西班牙最初只是把这里和周边的地区作为与东亚进行贸易的基地，直接的统治在南太平洋岛国进展缓慢。直到 1885 年，西班牙才占领密克罗尼西亚联邦所在地，并把它并入西班牙东印度群岛的统治范围，使其接受菲律宾的管理。此时德意志帝国已经占领雅浦，对西班牙的行为提出异议。教皇里奥十三世（Pope Leo XIII）对两国间的统治纠纷进行仲裁，他最终支持西班牙对密克罗尼西亚联邦所在地的占有，同时给予德国人一些贸易权利。直到1886年，西班牙人才定居下来并建立了殖民地，也就是现在波纳佩岛上的科洛尼亚。

1886年，西班牙人在加罗林群岛的雅浦岛建立管理总部。1887年，第二个西班牙管理总部在波纳佩州设立。但德国人的公司早于西班牙人几十年就在马绍尔和加罗林群岛的贸易往来中占据了优势，也给这里的椰干贸易注入了活力。当西班牙人接管加罗林群岛时，这里的经济被德国的贸易公司如赫士姆公司、加鲁特公司、DHPG公司等控制着，德国人以西班牙人没有对加罗林群岛进行实际控制为由挑战西班牙人的统治要求。教皇的裁决结果是这两个欧洲国家的统治在这个群岛共存，西班牙殖民统治官员控制政府，德国贸易机构控制经济。

西班牙官员在雅浦的统治没有遭到重大的反抗，部分小规模的抵抗来自当地的牧师，因为后者开始丧失在社会中的传统威望和职权。但当1887年西班牙殖民统治者抵达波纳佩时，却立即遭到当地居民的抵抗。西班牙统治者对传统酋长的态度缺乏灵活性，对当地文化缺乏了解并采取蔑视的态度，加上将当地工人的工资据为己有，这些都激起了索克斯市和耐特市的居民对西班牙统治者的反抗。反抗者杀死了西班牙的统治者和追随者。天主教牧师和士兵们为马德尼尼市的一所教堂奠基引发了第二次反对西班牙人统治的抗争，当地的反抗者们很快杀死了建设教堂的工人和士兵。

二　美西战争及德意志帝国统治时期

美国船只"缅因"号（Maine）被派到古巴保护美国的商业利益，却在哈瓦那港爆炸，同时，美国对古巴独立战争进行干涉，这些导致 1898 年美西战争的爆发。这是列强重新瓜分殖民地的第一次帝国主义战争。

"缅因"号神秘沉没后，西班牙曾寻求和解，却遭到美国的拒绝。美国下达最后通牒，要求西班牙放弃对古巴的统治。西班牙首先发表作战声明，战争正式打响。两国之间的战争持续了 10 周，以西班牙失利告终。1899 年 2 月 6 日，美西《巴黎和约》得到美国国会批准，西班牙以 2000 万美元的价格把古巴、波多黎各、关岛和菲律宾割让给美国。美国占据了西班牙在南太平洋的众多殖民地。

19 世纪早期，拿破仑的入侵致使西班牙帝国开始没落。在美西战争中的失利使西班牙帝国几近终结。太平洋中由西班牙占据的东印度群岛仅剩下大约 6000 个小岛。这些小岛人烟稀少，经济艰难，难以管理统治。西班牙在战争中丧失两个舰队后，更难以对这些地区进行防卫。因此，西班牙政府决定出售这些岛屿。

西班牙和德意志帝国于 1899 年 2 月 12 日签订了《西德条约》。西班牙获得 2500 万比塞塔（西班牙基本货币单位），相当于 100 万英镑，而密克罗尼西亚则进入德国的统治时期，行政上隶属德属新几内亚。虽然岛上的德国官员从来没有超过 20 人，但是他们引进了农业科学以及西方的土地所有权观念。

在波纳佩的西班牙统治者较少关注当地的经济和社会发展。作为成功的殖民统治者，德国人把对密克罗尼西亚的管理权交给新几内亚的德国统治者。德国人在加罗林群岛划分了四个行政区：丘克、帕劳、波纳佩和雅浦。科斯雷岛被并入波纳佩行政区。行政区政府设有地区长官和其他几个官员。德国人为了加强法律的执行，将警察制度引进了新几内亚。

德国人进行了大规模的经济改革。为了给加罗林群岛的殖民统治筹集经费，德国人向该岛年满 16 周岁的居民征收人头税。为了鼓励农业的发展，德国人引进了土地登记制度，特别是在波纳佩地区。为了增加椰干的出口，他们要求密克罗尼西亚人将所有未经耕作的土地都用于种植椰子。德国人把所有男劳动力都安排到公共建设项目，如码头、公路和公共建筑去劳动。他们还在雅浦岛挖掘了一条隧道来缩短两端间的交通距离。当德国人在帕劳发现了磷酸盐矿以后，政府官员还在密克罗尼西亚征募劳动力到矿山工作。

德国人还引进了社会改革。在德国人到来之前，岛上的酗酒问题很严重。这个问题甚至在 9 ~ 10 岁的孩子中广泛存在。德国人因此颁布了禁止向密克罗尼西亚人出售酒类的命令。德国人还通过采取没收和禁止向当地人出售枪炮和弹药的措施解决了当时的地方冲突问题。不顾禁令销售酒类和枪支者被驱逐到密克罗尼西亚偏僻的地区。

在德国人的殖民统治时期，几次剧烈的台风席卷了整个加罗林群岛。台风毁坏了椰子树和其他农作物，迫使德国人把居民从偏僻的地势较低的珊瑚岛安置到地势较高的岛上去。椰子树的损坏导致椰干的产量连续几年下降。雅浦的一些居民被疏散到马里亚纳群岛的塞班岛上，与早在 19 世纪就定居在那里的同乡们会合。还有一些居民被安置到反抗德国人统治最强烈的索科斯市（位于波纳佩）。反德起义的领导者被处死，其余起义者被驱逐到帕劳的一个小岛上。

一战前，雅浦是德国主要的海军通信中心，也是重要的电缆电报国际枢纽。1914 年 9 月，该中心被日军占领。1914 年 10 月，一艘日本战船驶入楚克潟湖①，受到周边岛屿日本定居者的欢迎。潟湖被周边群岛环绕和保护，只有三四条深水道可供船只从外洋驶入，所以这是一个天然军港和锚地，易守难攻。日军大兴土木，在岛上建立军事设施，组建地区指挥部，并将这一水域定为外国船只不得入内的禁区。

同年，在日本海军占有马绍尔群岛、加罗林群岛和北马里亚纳群岛之后，德国的行政管理宣告结束。

三 日本统治时期

19 世纪末，日本的贸易商和探险家来到加罗林群岛的中东部。1882～1883 年，榎本武扬曾指挥一艘日本武装快艇"龙骧"号停靠波纳佩和库赛埃（Kusaie，即今科斯雷岛）。这是日本战船第一次停靠密克罗尼西亚水域。库赛埃国王给予日本船员热烈的欢迎，并声称库赛埃居民带有日本血统。几年后，在 1887 年和 1889 年，一名来自小笠原群岛的日本牧场工人两次来到波纳佩，后被西班牙人驱逐。

1890 年，为了发展日本在密克罗尼西亚的商业利益，两名日本商人创立了南海贸易公司（Nanto Shokai）。他们购买了一艘帆船，并于 6 月到达雅浦，在那里他们与一名爱尔兰籍美国传教士丹尼尔·奥基弗（Daniel O'Keefe）成为朋友。两天后，他们又乘船

---

① 今称丘克潟湖。1989 年 10 月 1 日，楚克州更名为丘克州。

到波纳佩。在西班牙实施严格管控的环境下，他们经营了一家售卖日本货物的小商店。但由于资金不足，他们在 12 月回到日本。这艘帆船随后被卖给了 Ichiya 公司，该公司在楚克和波纳佩建立了两处贸易站。1892 年，一些日本商人在水谷的带领下来到楚克并建立了一个贸易站。一些日本人开始与楚克人交往，其中比较有名的是森小弁（Koben Mori），他和一些日本人成为 Hiki 商会的国外常驻代理人。该商会是一家日本贸易公司，在摩恩（Moen，即今韦诺）建立了贸易站。在 1900 年《西德条约》签订一年后，这些在摩恩的日本人被遣返回国，只有森小弁和另外一个日本代理商分别留在了楚克和波纳佩。在德国统治时期，森小弁成为一家德国贸易公司的国外常驻代表。直到 1907 年，德国政府才允许日本人在楚克进行贸易。之后，日本一家村山商会（Murayama Shokai）在托尔（Tol）建立了贸易站。少数日本人开始来到楚克定居，从事农耕和捕鱼。德国殖民管理机构考虑到日本帝国的影响，使日本定居者与欧洲定居者享受相同的权利。但在楚克潟湖，有日本人向密克罗尼西亚人出售枪支和酒，这两样东西都是当时密克罗尼西亚的统治者德国殖民者所禁止出售的，这因而损害了德国统治者的利益。日本商人因此被德国人驱逐出楚克，但很快日本人又回到密克罗尼西亚继续从事贸易活动。在德国殖民统治即将结束之际，一些日本公司不断与德国公司竞争，企图控制当地的贸易。

第一次世界大战前后，为了限制德国势力在当地的发展，英国寻求日本的支持，这正好满足了日本的扩张之心。1914 年日本人从德国人手中夺取了这些岛屿，并从 1920 年起在国际联盟的授权下开始了它的正式行政管理。日本人反客为主，赶走了德国人，不顾当时美国的极力反对，成为楚克及其周边岛屿的实际占领者。1922年，根据《凡尔赛条约》，日军在波纳佩驻扎，在科洛尼亚建立南太平洋地区行政首都，在其委任统治的南太平洋群岛设置行政机关南洋厅，所在地为帕劳群岛的科罗尔岛，并在其下设有支厅。密克罗尼西亚进入了日本南洋厅的委任统治时期。

在20世纪20~30年代，为了解决当时国内的人口和经济问题，日本发动了大规模的移民活动，大量居民来到岛上，主要定居在楚克和波纳佩。当时，大约有150人住在波纳佩，主要从事贸易和政府行政工作。到1930年，又有70名日本人来到波纳佩，少数人定居在周边的楚克、雅浦和科斯雷。到20年代晚期，为满足日本政府和商业的利益，约有100名日本商人在楚克的托罗斯（Toloas）定居。日本人在当地建立小学，使当地的日本人和楚克人可以接受教育。

20世纪二三十年代的日本移民主要是冲绳人。1930年，一家金枪鱼罐头公司在波纳佩建立，此后大量的日本人从北海道等地迁入。一部分人从事渔业，另一部分人建立起农业公社。1931年，日本政府说服24个日本家族在帕利基尔建立农业公社，但是他们面临很多问题，比如如何适应热带气候，如何把农产品运到科洛尼亚销售等。当地殖民政府迅速改善运输系统，并在整个波纳佩建立供电系统，此外还向定居者提供大面积土地，因此，日本移民开始进行水稻的培植。随着越来越多的当地人开始效仿，水稻被大面积种植。人类学家梅棹忠夫（Umesao Tadao）曾指出，日本在波纳佩的农业生产到1941年已颇具规模。此后，一旦日本定居者开拓和建立了新的城镇和村

落，就会修建公路和供电基础设施。到 1941 年，每个村镇的日本移民数量都超过 1000 人，很多是来自日本的征召劳工和合同工。

为了在楚克和波纳佩建立海军设施，大量冲绳人和朝鲜人被雇用而来。他们的到来增加了加罗林岛中部和东部的人口数量。在帕利基尔和科洛尼亚，日本移民最多，他们的人数在 1941 年甚至超过了当地居民。在整个殖民时期，科斯雷仅有几百日本人。少数日本警察驻扎在岛上维持法律秩序。日本和朝鲜劳工在岛上从事磷酸盐采矿作业和棉花种植，但有部分劳工在棉花种植失败后被遣送回国。

日本政府鼓励日本移民和当地人通婚。在 20 世纪 30 年代，与密克罗尼西亚人通婚人数最多的是冲绳渔民。他们的后代大多数应招进入日本军队。但是，很多密克罗尼西亚人和日籍密克罗尼西亚人被日本宪兵队怀疑同情美国人而受到骚扰。1943 年，日本对密克罗尼西亚进行军事管理，地区总部迁移至楚克。在二战后期，由于食物匮乏，日本军人开始偷窃当地人农场的食物，但是避开了日本人和日籍密克罗尼西亚人的农场，尤其是那些在当地颇有政治影响的人。在楚克，很多当地人和日籍密克罗尼西亚人的土地被充公以促进新的军事设施的建立。

从日本殖民统治一开始，日本的私人商业公司就得到政府的财政支持在密克罗尼西亚开展贸易，用来提供至关重要的服务，如在新殖民地的主岛之间和到日本的运输服务。日本一家占优势的贸易公司接管了德国人最有利可图的椰干贸易。日本在密克罗尼西亚的管理机构建立了自己的公司来控制在帕劳的安格尔岛上的磷酸盐矿。

　　为了促进南太平洋地区的经济发展，日本殖民政府对利用渔业资源作为发展动力进行了仔细的调研规划。1931年，日本南洋厅在帕劳创建了一个海洋产品实验站，用于研究海产品的生存环境，不断完善对鱼类和贝类的捕捞工作和进行罐头加工。这些渔业资源由冲绳渔民进行小规模的商业捕捞，然后在当地市场销售，剩余部分经过加工处理销往日本。

　　日本人把种植业资源也视为发展动力。他们从冲绳招来的农民种植了蔬菜、块茎类植物和谷物粮食。与渔产品一样，部分农产品也出口到日本。

　　种植业和渔业资源的有效开发、磷酸盐矿的开采以及椰干产量的提高等有利因素促成了日本政府停止向密克罗尼西亚提供了25年之久的政府援助。密克罗尼西亚经济已经能够自给自足。

　　密克罗尼西亚经济的成功发展虽吸引了大量的日本移民，但也带来了负面影响。从日本在密克罗尼西亚进行殖民统治开始，它对密克罗尼西亚人的社会政策就是不平等的。例如，日本殖民政府建立了两种类型的学校：一类是只招收日本人孩子的学校，另一类是招收密克罗尼西亚人的公立学校。日本人学校的设施条件好于招收密克罗尼西亚人的公立学校。公立学校最长学制是5年，学业结束后只有成绩最好的学生才能被选拔进入设在帕劳的木工技能学校学习，这些学生只占少数。

　　在急速发展的经济形势下，日本人并不想培训密克罗尼西亚人而使之有能力管理政府或起重要作用。日本南洋厅专门针对密克罗尼西亚人设立了两个职位：一个职位是给村落酋长的，该职务主要是作为联络官协助日本殖民政府联络当地居民；另一个职位是协助村落酋长工作的助理。

在健康保障方面，日本人向每个有需要的人提供免费医疗健康保障。每个密克罗尼西亚人在日本南洋厅的任何一家公立医院都可以免费就医看病。密克罗尼西亚历史上距此最近的一次免费医疗服务是在德国人殖民统治时期，当时由于密克罗尼西亚遭到台风的袭击，德国人曾为当地人提供免费药品。

二战期间，楚克潟湖由于所处的战略位置和地貌海域特征，成为日本在太平洋上最重要的补给运输中转战略枢纽。在对美国夏威夷珍珠港偷袭前，日军所有参战舰只在楚克水域进行了最后的军事演练。楚克基地还参与了日军太平洋战役的所有军事活动，由此被盟国称作"东方的直布罗陀"和"日本的珍珠港"。

1944年2月17～18日，美军在楚克实施攻击作战计划，代号为"冰雹风暴"。日本海军虽然在及时做出判断后匆匆撤离，暂时逃过一劫，但相当于20多万吨总排水量的60多艘日本武装商船和战舰以及275架各类战机被美军击沉或击毁。日本彻底丧失了制空权。战争中，美军轰炸机炸毁了日本军队的装备和当地的基础设施，楚克和日本本土的联系被彻底切断。这使楚克彻底丧失了原先作为日本太平洋战区的补给和中转枢纽的战略要地的作用。

直至今日，在2000多平方公里海域的丘克潟湖海底仍然遗留着二战时期的日本沉船和飞机残骸。日本人将丘克潟湖称为"一座开放的坟墓"，而长眠在海床上的这些沉船则成了名副其实的"幽灵舰队"。

加罗林群岛中东部的日本移民在日本投降后被遣散回国。普通民众首先回到日本本土，而日本士兵则作为战俘继续滞留在岛上进行基础设施修复工作。大多数日本人与密克罗尼西亚人结合的后代

（简称"日密"）留在了岛上被母亲抚养长大，只有少数选择随父亲回到日本。美国军事政府特别允许 34 名日本和朝鲜移民继续留在岛上和家人一起生活。在二战后的最初几年，一些早期移民到密克罗尼西亚的日本人组建了慈善团体，以获取公众的理解，保护日本在密克罗尼西亚殖民时期的遗迹。这些团体为早期的移民组织了多次访亲活动，以维持他们与滞留后代的联系。日密在近代密克罗尼西亚联邦的发展过程中起到了非常大的作用。

四　美国的托管统治

在第二次世界大战中，密克罗尼西亚地区的岛屿成为太平洋战场的军事要冲，美国军队和日本军队在马里亚纳群岛上进行了最为血腥的数场战斗。1945 年 8 月，美国 B29 轰炸机从天宁岛上升空，在日本上空发射了二战中唯一的原子弹。1945 年日本投降以后，美国海军驻扎在岛上，充当管理者。1947 年 7 月 18 日，这些岛屿成为美国的"太平洋岛屿托管领土"（Trust Territory of the Pacific Islands）。联合国将密克罗尼西亚交由美国托管，密克罗尼西亚后与马绍尔群岛、北马里亚纳群岛和帕劳构成"太平洋岛屿托管领土"的 4 个政治实体。密克罗尼西亚由此进入美国托管时期。

1951 年，美国内政部从美国海军手中接下对托管地区的管理权，撤销了在关岛的司令部，在塞班岛建立基地。在托管协议中密克罗尼西亚被划为战略地区，它作为联合国托管地的身份只能通过安理会终止，联合国大会无权终止。

二战后，美国人将所有外国势力都赶出密克罗尼西亚。但这些外国势力已成为密克罗尼西亚的经济支柱，随着它们的离开，密克罗尼西亚的经济也崩溃了。日本在其统治时期对密克罗尼西亚人实

行的低水平教育，使得密克罗尼西亚人缺乏知识技能和核心技术，以致连重建水电站等公共设施的能力都没有。建立社会服务设施、创建行政管理机构的问题被留给新殖民政权来解决。但美国海军并没有培训人员来管理这块新领土的打算。美国海军最初的统治管理政策就反映出了这个问题。由美国海军上将签发的第一个指示就显示出"政府最小化政策"的特点。美军高级代表专员对此政策做出的解释是美国海军不是统治这些岛屿而是管理它们，美国作为新的管理者，认为没有必要过度干预当地人简单快乐的生活。

这个"政府最小化政策"成为美国人长达 15 年的管理基调。即使在 1947 年密克罗尼西亚成为联合国的托管地也没能改变美国海军对密克罗尼西亚的管理政策。截至 20 世纪 60 年代，该托管领土的全部预算资金是 700 万美元。

美国尝试用为数不多的预算资金建立它的新殖民地。美国人在每个社区建立了小学，随后建立了初级中学，1952 年第一所普通高等中学在楚克州建成，它吸收了来自托管地各地区的学生。8 年之后，每个行政区才都拥有了自己的高等中学。

公共卫生的发展也很缓慢。美国人认识到，只有培训当地的卫生保健人员才能满足密克罗尼西亚人享受卫生保健的需求。因此，他们主要依赖设在斐济的医学院校来培训密克罗尼西亚人。

美国管理者对利用渔业和种植业发展托管领土的经济没有寄予多大希望。他们曾尝试向关岛出口渔产品，但因该产业的不确定性而停止。波纳佩的种植业项目中有几个有望发展的品种，如苎麻、可可、胡椒和水稻，但是农民们在还没有收获时就对这些种植项目失望了，其中的主要原因是病虫害对农作物的损害。在发展种植业和渔业相继受挫后，椰干生产继续成为托管领土上能够产生效益的主要项目。

美国管理者对托管领土的经济开发并不热心，导致当地经济发展缓慢。他们还禁止外国投资，将预算控制在小数额之内，这使得托管领土的管理者不得不依赖旧产业，如椰干出口。小型货船先将椰干从托管领土各地运到马绍尔的马朱罗码头，然后进行转船运输。马朱罗码头是在托管领土内唯一可以停靠大型航海货船的码头。

许多作家曾称美国人管理托管领土的方式是"温和的忽视"，也有人开始批评美国的政策使这些岛屿成为"生锈的领土"。

美国人管理的第二个阶段开始于19世纪60年代早期。美国对托管领土所关注的事件之一是1961年联合国代表团的访问报告。该访问报告对美国管理托管领土的政策持完全批评的态度。这份报告最终被呈报给美国总统约翰·肯尼迪。1962年，肯尼迪签署了《国家安全行动备忘录》第145号文件，创建了一个委员会来监督托管领土的政策发展。另外，肯尼迪总统还授权了一个由安托尼·所罗门领导的8人特遣队前往这些岛屿视察，之后该特遣队草拟了一个旨在保护美国在该地区的目标和利益的总体发展计划。在访问了这些岛屿之后的1963年，特遣队另写出了3卷报告，集中关注了如何发展经济、提高人民的生活水平和保证密克罗尼西亚人通过公民投票使密克罗尼西亚政治和美国安全利益之间达到和谐状态。

1962年，美国新管理部门对这块托管领土的财政预算拨款增加了一倍多，达到1500万美元。1963年，美国管理部门拨款1000万美元启动了一项紧急教育计划，旨在建立500间教室和引进400名美国教师到密克罗尼西亚小学和中学教书。1964年，托管领土所有地区都有了自己的中学。

这一时期，美国政府对托管领土投入的资金较上一时期有了大幅增长。1947～1962 年的预算年均不足 750 万美元，而 1963～1978 年年均预算增加到 5800 万美元，这其中涵盖了美国在密克罗尼西亚的教育和卫生保健项目的资金。

第四节　独立进程

1965 年，美国主动提出成立密克罗尼西亚议会，目的在于改变托管领土的政治前景并进行权力平衡，以服务于美国利益。仅在成立两年之后，密克罗尼西亚议会就打算在寻求托管领土的未来政治地位上起到积极的作用，并将此意向正式通知美国。1967 年，密克罗尼西亚议会要求美国管理机构派遣特遣队来了解情况，并为这块托管领土寻求可供选择的政治地位。密克罗尼西亚议会创立了联合委员会，来调查托管制度下如何解决未来政治地位的问题。在对其他独立领土进行了一年的参观考察后，联合委员会与美国政府进行了谈判，并建议该托管领土实现自由联盟的政治身份。

从 1969 年起，密克罗尼西亚开始就未来政治地位与美国进行正式谈判。1979 年，在马绍尔群岛和帕劳（北马里亚纳群岛此时在政治上已同美国合并）举行的公民投票否决了密克罗尼西亚联邦宪法草案，标志着该托管领土的正式分裂（后来，北马里亚纳群岛获得美国的联邦地位，马绍尔群岛、帕劳成为独立的国家）。但同年，楚克（1989 年 10 月 1 日更名为丘克）、科斯雷（1977 年从波纳佩州分离出来）、波纳佩和雅浦这 4 个行政区批准了该宪法草案，正式组成了密克罗尼西亚联邦。

1979 年 3 月，密克罗尼西亚联邦选举出了新的国家议会成员，5 月议员就职。之后议员们从他们中间选举出了第一位总统和副总统。联邦宪法于 1979 年 5 月 10 日通过并生效。根据宪法规定，联邦国会采用一院制，由来自 4 个州的 14 名议员组成，其中 10 名议员任期 2 年，其他 4 名为任期 4 年的"全任期"议员。总统为国家元首，也是政府首脑，由国会议员从国会 4 位"全任期"议员中选举产生。各部部长由总统提名，国会批准后组成联邦内阁。

总统和副总统上任之后的第一项任务就是成立行政和司法机构。新的行政机构效仿美国政府执行机构的官僚政治体系结构，密联邦议会批准爱德华·金为密联邦最高法院的首席大法官并设立了司法机关。立法机关沿用了过渡时期的密克罗尼西亚议会的行政官员，并保留了过渡时期的职责。1980 年，波纳佩市（Ponape）更名为科洛尼亚（Kolonia），作为波纳佩州的行政中心。1989 年，密联邦首都从科洛尼亚迁到帕利基尔，两城市均在波纳佩岛上。

1982 年，密联邦与美国正式签订《自由联系条约》，该条约于 1986 年 11 月 3 日生效，密联邦正式独立。密联邦政府和美国政府保持密切的联系和合作关系，美国有 25 个机构在密联邦实施各种项目。根据《自由联系条约》，密联邦获得内政、外交自主权，安全防务在 15 年内由美国负责。这种安全防务关系可在双方协商一致的前提下终止。同时，密联邦公民可以在美国生活、工作和学习，不需要申请美国签证。密联邦公民可以自愿加入美军服役，也有进入美国军校学习的权利。美国公民也可以自由在密联邦生活工作，无须申请签证。

1986 年《自由联系条约》执行之前，密联邦政府已逐步建立起了自己的行政机构，但出现了雇员紧缺的现象。为了吸引高水平的人员到联邦政府机构工作，密联邦政府制定了高于州政府官员工资的补助标准。联邦政府也有安置官员的总体计划，到 1987 年，联邦政府机构已经在规模和资金上与前托管领土管理总部的水平相当了。

同年，密联邦行政机构向议会提出一项对现行机构进行重组的计划，但这项计划被否决了，主要是因为当权的政客们认为现行的行政体系没有什么需要调整的。不过在这之后，议会通过了一项削减机构的提案，该提案撤销了大多数独立机构，并将这些机构的职能进行整合，归入现有的行政执行机关。在 20 世纪 90 年代，联邦政府和州政府被迫裁员和削减工资。

在《自由联系条约》第一阶段执行期间，联邦和州政府的许多雇员都受到援款减少的影响，担心会因此被解雇或降低工资。所以联邦和州政府开始了一项提前退休的计划，该计划对那些愿意从政府职位中提前退休的官员一次性支付两年工资。在联邦政府，虽然有些职位仍然保留，但仍允许该职位的官员领取两年的工资后退休。

1990 年 12 月，联合国安理会召开正式会议，通过了终止部分太平洋托管领土协定的决议，正式结束了密克罗尼西亚联邦的托管地位，并于 1991 年 9 月 17 日接纳其为联合国正式会员国。

2003 年，密美双方就《自由联系条约》续约事宜达成协议，将该条约延长 20 年，于 2004 年 5 月起生效。根据条约，美国政府有义务向密克罗尼西亚联邦提供项目和拨款支持，美国每年向密联邦提供超过 1.3 亿美元的直接支持，其中包括额外的联邦拨款和服务，直到 2023 年。同时，帮扶中还包括对双方共同管理的信托基金中的一部分直接帮扶资金的重新分配。条约的目标是帮助密联邦在 2023 年实现经济自给自足。由两个国家的代表所组成的联合经济管理委员会负责确保援助金的有效使用，实现良好的治理和经济自立。根据条约，拨款援助主要包括六个领域：教育、卫生、基础设施、公共部门能力建设、私营部门发展和环境。美国内政部负责条约的监管和修订。

第三章

政　治

第一节　政治制度的确立

密克罗尼西亚联邦的政治制度是南太平洋岛国资本主义政治文明的重要组成部分。密克罗尼西亚联邦政治制度的形成与发展，经历了西班牙、德国、日本的占领时期，美国托管时期和联邦时期三个阶段。密克罗尼西亚联邦现行政治制度的确立，是通过密克罗尼西亚文明和欧洲、北美洲等外来文明相结合的方式完成的。

一　历史背景

密克罗尼西亚联邦所在地 4000 年前就有人居住，16 世纪被西方航海者发现。1885 年，该地被西班牙占领。1899 年，该地被西班牙转让给德国。在第一次世界大战中，日本于 1914 年攻占了这些岛屿，经国际联盟授权后，日本开始对其进行托管。

在第二次世界大战中，密克罗尼西亚被美国占领。1947 年，联合国将密克罗尼西亚交给美国托管，密克罗尼西亚后与马绍尔群岛、北马里亚纳群岛和帕劳构成"太平洋岛屿托管领土"的四个政治实体。1965 年 1 月密克罗尼西亚成立了议会，此后不断要求自治。1969 年，密克罗尼西亚开始就未来政治地位同美国谈判。

1979 年，密克罗尼西亚联邦成立。1982 年，密克罗尼西亚联邦与美国正式签订为期 15 年的《自由联系条约》，1986 年 11 月该条约生效。根据《自由联系条约》，密克罗尼西亚联邦获得内政、外交自主权，成为完全独立的主权国家，但是在两个方面有特殊规定：一是国家安全防务在 15 年内由美国负责；二是在处理重大外交关系事项时，必须征询华盛顿方面的意见，可以参加地区组织，但不能参加联合国。

1990 年 12 月，联合国安理会召开正式会议，通过了终止部分太平洋托管领土协定的决议，正式结束了密克罗尼西亚联邦的托管地位，并于 1991 年 9 月 17 日接纳密克罗尼西亚联邦为联合国正式会员国。1991 年 5 月、1995 年 5 月，贝利·奥尔特（Bailey Olter）两次当选为总统。1996 年 7 月，奥尔特因病无法履行总统职责。同年 11 月 8 日，密克罗尼西亚联邦国会宣布由副总统雅各布·尼纳（Jacob Nena）以代总统身份行使总统职权。根据密联邦宪法规定，代总统雅各布·尼纳于 1997 年 5 月 8 日正式就任总统。1999 年 7 月，利奥·法尔卡姆（Leo A. Falcam）就任密联邦第五任总统。

二 最终确立

1979 年，由联合国和美国筹划的密克罗尼西亚联邦宪法草案公投在托管地六区举行（北马里亚纳群岛此时在政治上已与美国合并）。宪法公投在帕劳和马绍尔群岛两区未能通过，剩余四区（楚克、科斯雷、波纳佩和雅浦）便组成"密克罗尼西亚联邦"，联邦宪法于 1979 年 5 月 10 日通过并生效。根据宪法规定，总统为

密联邦国家元首，也是政府首脑，由国会议员从国会 4 位"全任期"议员中选举产生。

宪法提出了通过其修正方案的法定程序。只有全国 3/4 的州赞成某一修正案，而且这些赞成的州中每个州都有不低于 3/4 的选民赞成该修正案，该修正案才能成为宪法的一部分并发生实际效力。若相互冲突的宪法修正案在一次选举中同时通过，则得票较多的修正案才可以成为宪法的一部分并发生实际效力。国会至少每 10 年就应向选民征询是否要召开大会修订或者修正宪法，若大多数选民投票赞成，则应在下次定期选举之前就选出参加宪法修订大会的代表，除非国会为各州代表选举设置特别选举。

宪法承认各州传统领袖的地位，尊重各州传统领袖，同时不会干涉各州人民的信仰，也不会干涉将各州传统领袖在政府部门委以重任。

宪法规定了密克罗尼西亚联邦的主权归属，是密克罗尼西亚联邦的最高法律。密克罗尼西亚联邦政府所制定的任何法案若与宪法发生冲突，则冲突部分无效。宪法的顺利通过和实施标志着密联邦政治制度的最终确立。

第二节 政治结构

政治结构一般是指权力结构。密克罗尼西亚联邦的政治结构包括立法制度、行政制度和司法制度。

一 立法制度

密克罗尼西亚联邦政府的立法权属于密克罗尼西亚联邦国会。

（一）国会的一院制

密联邦没有政党，国会实行一院制，由 14 名议员组成，其中每州有 1 名任期 4 年的"全任期"议员，其余 10 名议员任期两年，按人口比例在各州分配。第 19 届国会议员于 2015 年 5 月 11 日宣誓就任，议员均为男性。现任议长为韦斯利·西米纳（Wesley W. Simina），副议长为伯尼·马丁（Berney Martin）。

（二）国会的权力

密联邦政府的立法权属于密克罗尼西亚联邦国会。根据密联邦宪法，国会拥有下列权力：国家防御；缔结条约；出入境和国籍管理；征缴税收，包括进口关税；发行和调控货币；管理银行、外贸、州际贸易和保险业，并对商业票据和证券的发行和使用、破产及专利权和著作权进行监管；管理航运；对贷款设立最高利率限制；建立国家邮政系统；取得和管理新的领土；管理首都地区；管理密克罗尼西亚联邦海岛基线向外延伸 12 海里以内的海洋空间资源的所有权、勘探权和开采权；建立和管理国家公共服务体系；弹劾和罢免总统、副总统和最高法院法官；在充分考虑当地风俗习惯的前提下，可以定义各种罪行并制定相应的处罚措施；在获得各州代表团不少于 3/4 的投票时，可以推翻总统的否决，但是每个代表团只有一票表决权；设立教育和卫生事业最低标准，协调各州接受外援的工作，向各州提供培训和援助，并对中学之后的教育计划和项目提供支持。

宪法规定，经 2/3 的国会议员投票赞成，国会可与外国签订条约，但是条约若将密克罗尼西亚联邦政府的重要职权授予别国，则需要经过全国 2/3 的州立法机关同意。

宪法规定，当总统、副总统或者最高法院法官出现叛国、贿赂或者其他涉及贪污的行为，国会有权对其进行弹劾，并经国会 2/3

议员投票赞成后，可以予以免职。当总统或者副总统被免职时，最高法院应该对该判决进行审查。当最高法院法官被免职时，各州州长应任命一位州法官组成一个特别的法庭对该判决进行审查。总统有权召集该特别法庭。

国会可以强制证人就相关文件或者事件的结果在国会或者任何国会议员的面前出庭做证。出席的国会议员超过半数即构成议事的法定人数；不足法定人数时可以休会并强迫缺席议员出席会议。国会应保留国会的会议记录，并予以公布。经 1/5 出席议员的请求，可将记名表决载入议事记录。立法程序应以英语为之，若议员的英语不流利，则可以使用其自身的语言，而国会应该提供翻译。

以下权力由国会和各州共享：拨出公共基金作为专用资金或从公共信托基金借钱，用以建立社会保障和公共福利体系。

国会应该根据法律规定定期召开公开会议。密克罗尼西亚联邦总统有权召集国会举行特别会议；会议主席应 2/3 国会议员的书面请求也可召集国会举行特别会议。

（三）国会议员的选举和履职

选举是密联邦公民政治参与的主要方式和重要渠道。密宪法第 6 章规定：任何年满 18 周岁的公民享有选举权，但是业已定罪的罪犯以及精神不健全或者精神错乱的公民除外。国会规定选民应在选区进行投票选举，同时对选民在某一选区参加投票选举时在该州居住的最低时间限制进行了规定。选举以不记名投票方式进行。

密联邦国会选举的基本制度由宪法和其他联邦法律做出规定，各州和地方议会的选举制度则由各州和地方的法律规定。因为密联邦国会实行一院制，而且密联邦没有政党，所以在政治竞选中不会出现两党或者多党互相打压的情况。国会选举每两年举行一次。在单一选区进行的选举，实行简单多数制。在四个州进行的"全任期"议员的选举，实行比例代表制。国会是唯一可以审核选举资格和裁定选举结果的机构。在各州平等的基础上，各州均可选举一人为"全任期"议员，其余的国会议员则从各州的国会选区中选出，每个选区所获得的议员名额应按各州人口总数进行分配。每位国会议员都有一票表决权，但是在法案通过的最后一次宣读中除外（在最后一次即第二次宣读中，各州代表团只有一票表决权）。

选民资格：凡年满18周岁、未有犯罪记录且精神健全的密联邦公民在全国性的选举中都可以参加投票。

选区划分：按人口分配，在全国划分有10个单一选区，这些选区各选出1名议员；按国家的行政区划，从4个州分别选出1名议员。

候选人资格：年满30岁、成为密联邦公民至少15年、在所在的选区居住至少5年者具有候选人资格。被联邦法院或者州法院宣告犯有叛国罪的人不具备候选人资格。根据宪法规定，国会可以修正本条文或者规定其他资格限制，但候选人的英语能力不得成为资格限制条款。

选举的种类：除了大选外，在两次大选之间出现的议席空缺，由补缺选举选出新的议员填补。但如果一届国会离正常任期结束不到一年时间，则其出现的议席空缺由总统任命议员填补，不再举行补缺选举。

议员构成：国会法定议员14人。其中4名是"全任期"议员（"at large" senators），从4个州分别选出，任期4年。另外10名议员分别从10个单一选区选出，任期两年。现国会为密联邦第19届国会。

国会应至少每 10 年重新分配各州的国会议员席次。各州除在平等的基础上获得 1 个国会议员席次外，还应根据人口总数至少再获得 1 个国会议员席次。各州根据人口总数获得的国会议员席次中，其传统领袖可占有 1 个席位，但是该传统领袖应根据法律经选举产生，且任期为两年。

国会应自行检查国会议员的选举和议员资格，可以处罚议员，并可经 2/3 议员的同意对其做出停职或者开除处理。国会可制定其议事规则，并从国会议员中选出一位担任会议主席。

国会议员在其任期以及任期结束后的 3 年内不得出任在其任期内由密克罗尼西亚联邦法律设置的任何职务。国会议员不得参与任何与其履行职责发生冲突的活动。国会有权对国会议员的行为做出进一步的限制。

国会议员的年薪和津贴由国会制定。若国会给国会议员涨薪，则通过该决定的国会部门的议员工资不得上涨。

国会议员除犯有叛国、重罪或妨害治安罪外，在出席国会会议时或者往返于国会各会议途中不受逮捕，也不得因其在国会的演说或者辩论而在其他任何地方受到质问。

(四) 国会立法程序

一项议案只有在不同的日期经过一读、二读、终读，才能最终成为法律。在一读中，议案要获得全体议员 2/3 的多数同意才能通过。在二读和终读中，所有的州代表都要投一票，只有 2/3 以上的州代表投赞成票，议案才能通过。国会通过的议案要提交给总统并由他批准。如果总统不同意议案，他在接到议案后，必须在 10 天内将议案连同自己的反对意见退还给国会。如果国会会期只剩下

10 天（或不足 10 天）或者国会正在休会的话，则总统可不受 10 天时间的限制，可以在 30 天内将议案连同反对意见退还给国会。如果在所有州代表都投一票的基础上，有不低于 3/4 的多数投票同意的话，则国会可以推翻总统的否决。如果总统在适当的时间内不能将议案返还给国会，则视该议案已经总统同意而成为法律。政府向国会提交年度预算案。国会可以对预算案的任何一个部分进行修改。总统可以对国会通过的任何一个议案中的拨款项目进行单项否决。

如果国会议员 2/3 以上投票同意通过，则一项条约即得到批准。但如果一项条约涉及密克罗尼西亚联邦政府的主要权力，则还必须得到各州立法机构的多数同意。密联邦宪法第 14 章规定，制宪会议、人民会议和国会均可依法对宪法提出修正。修正建议在全国 3/4 的州内均获得不低于 3/4 的支持选票后，则成为宪法的一部分。

此外，国会只有根据法案才可以制定法规，只有根据法规才可以制定相关法律。所有法案的条款均由密克罗尼西亚联邦国会制定，任何法案都只能涉及它的标题中所表明的议题，任何与此议题不相关的其他规定均无效。国会不能只根据标题对一项法律做出修正或者修订，被修改的法律或者修正的条款应全部予以公开。

二　行政制度

（一）总统选举

根据密联邦宪法规定，总统由国会从"全任期"的 4 位议员中通过无记名投票选举产生（必须在 4 个州之间轮流选出），且必须是出生地在密联邦、在密联邦居住至少 15 年的密联邦公民。每位总统任期不超过两届，每届 4 年。对副总统候选人的要求及其任期与总统的相同。副总统和总统可以来自不同的州。

如果总统职位出现空缺，或者总统丧失行使总统权力和履行总统职责的能力时，则该项职务应移交副总统。若总统和副总统职位都出现空缺，或者总统和副总统两人同时丧失行使总统权力和履行总统职责的能力时，则国会得依照法律规定宣布由某一官员代行总统职权（该官员即为总统，直至总统恢复任职能力或者新总统被选出为止）。

（二）现任总统

彼得·克里斯琴（Peter M. Christian）毕业于夏威夷大学，2007 年当选"全任期"议员，2007～2011 年担任联邦国会通信和运输委员会主席。2015 年 5 月 11 日，克里斯琴当选密克罗尼西亚联邦总统。克里斯琴总统参加了 5 月 20～23 日在日本举行的第七届日本和太平洋岛国首脑峰会，这是其就任第八任密联邦总统后的首次海外出访。

习近平主席于 2015 年 5 月 12 日致电彼得·克里斯琴，祝贺他当选密克罗尼西亚联邦总统。习近平在贺电中表示，中国高度重视中密关系发展，愿同密一道努力，推动中密关系不断取得新进展，更好地造福两国和两国人民。5 月 27 日，李杰大使礼节性地拜会了克里斯琴总统。

（三）总统的权力和义务

总统享有任免权，在听取国会的意见和取得国会同意后，总统可以任命大使、公使、最高法院和依法设立的其他法院的法官、政府各部部长，以及依照法律设立的其他官员。

总统享有赦免权，可以对违反密克罗尼西亚联邦法律者颁赐缓刑或特赦。

总统享有参与立法权，表现在三个方面：立法倡议权、立法否决权和委托立法权。

总统享有外交权。在国际关系中，国家元首是国家的最高代表，因此他拥有最高的外交权。密联邦总统的外交权是宪法授予的权力。根据宪法规定，总统经国会同意可以任命大使、公使；经国会 2/3 多数批准可与外国签订条约。根据宪法的这些规定，可以把总统的外交权概括为两个方面：一是承认一个国家的建立和外国新政府的权力；二是决定密联邦与外国关系的权力，包括与外国建立什么样的政治关系、经济关系（密联邦的国防军事仍由美国负责，所以密联邦总统无权确定与外国建立什么样的军事关系），还包括密联邦是否与其他国家一同建立或者参加国际组织。

总统或者副总统在任期内所获得的工作报酬不得增加或减少。总统或副总统在任期内不得收受联邦或任何一州给予的任何其他酬金。

总统每年都要向国会做国情咨文报告。在内乱、自然灾害、战乱以及暴动等紧急时刻，如果公众的健康或者安全受到了威胁，总统可以宣告国家处于紧急状态。虽然总统对国家处于紧急状态的宣告并不影响法院行使司法权，但是紧急状态宣告（有效期 30 天）免于司法干预。在总统宣告国家处于紧急状态的 30 天内，国会必须召集会议，决定撤销、修改或进一步延长这一宣告。

（四）行政机构的权责

密克罗尼西亚联邦政府分为国家、州和地方三个层级。根据密联邦宪法规定，截至宪法生效之日，原来没有设立地方政府的州并不需要设立地方政府。

联邦政府下设外交部，资源与发展部，交通、通信及基础设施部，财政与行政事务部，卫生与社会事务部，司法部，教育部等。

各部部长不从议员中挑选，而由总统提名，经国会批准后组成联邦内阁。现政府主要成员有：总统彼得·克里斯琴，副总统尤斯沃·乔治（Yosiwo P. George），外交部长洛林·罗伯特（Lorin Robert），资源与发展部长马里恩·亨利（Marion Henry），卫生与社会事务部长暂空缺，交通、通信及基础设施部长卢克诺·威尔巴克（Lukner Weilbacher），财政与行政事务部长辛娜·劳伦斯（Sihna Lawrence），司法部长约瑟·盖伦（Joses Gallen），教育部长卡尔文·凯法斯（Kalwin Kephas）等。

除了宪法和国家法律明确赋予国家政府的权力之外，那些明显带有国家性质并在州政府控制能力之外的权力，都属于联邦政府所有。没有明确赋予国家政府的权力，或者没有明确禁止州政府行使的权力，则为州政府所有。州政府和当地政府不得征税，因其会限制州际贸易的发展。

三 司法制度

（一）基本构成

密联邦司法体制是指根据其宪法建立的法院组织和司法体系。密联邦宪法确立了司法独立原则，司法权由司法机关独立行使，不受立法机关和行政机关的干预。密联邦宪法确立国家实行联邦制，所以司法权与立法权、行政权一样，也在国家和州之间予以划分。密联邦设最高法院、州法院。最高司法机关是最高法院。联邦首席大法官为终身制，现任大法官丹尼斯·雅马斯（Dennis K. Yamase）于 2015 年 7 月被认命。

联邦宪法对联邦司法体系的规定如下：密联邦的司法权属于最高法院和依法设立的各地方法院。这一规定明确了两层含义：第

一，联邦司法权属于密联邦各级法院；第二，联邦最高法院由宪法设立，国会无权撤销。

（二）最高法院和州法院的职能

最高法院是密克罗尼西亚联邦最高级别的法院。最高法院设有一个审判庭和一个上诉庭，最高法院的审判部门对以下案件享有初审权和专属审判权：涉及外国官员的案件，数州之间的诉讼，涉及海事法和海事管辖权的案件，密联邦作为当事人但是不涉及土地权益的诉讼，一切基于密联邦宪法、国家法律和密联邦所缔结的条约而产生的案件，一州与另一州公民之间的诉讼，一州或其公民与外国或外国公民之间的诉讼。

如果联邦法院、州法院或者地方法院审理的案件需要运用密联邦宪法、国家法律或者密联邦所缔结的条约进行司法解释，则最高法院的上诉法庭可以对这些案件进行审查。如果密克罗尼西亚联邦各州宪法允许，则最高法院的上诉法庭对各州法院已经判决的上诉案件有审查权。

当事人、州法官或者地方法官就州或者地方法院审理案件中的核心问题申请运用宪法、国家法律或者联邦所缔结的条约进行司法解释时，最高法院的上诉法庭可以审理并判决该案件，也可以对该案件进行延期候审。

任何法院所做出的判决应当符合密联邦宪法的规定，符合密克罗尼西亚联邦的习俗、传统、社会规范和地理特点。法院在对案件做出判决的时候应当咨询和利用密克罗尼西亚联邦的各种资源。

（三）法官的任命和权责

最高法院由一名首席大法官和不超过五名的陪审法官组成，首

席大法官和陪审法官均由总统提名，经不少于2/3的国会议员同意方可上任。法官如果尽忠职守，则可以终身任职。所有法官既为审判庭成员，也为上诉庭成员。审判庭审理案件时只需一位法官，但若被告不满法官在审判庭审理案件的审判结果而进行上诉，则该法官不得参与上诉庭审理该案。业经上诉的案件需要至少3名法官进行审理判决。最后的审判结果由审理法官中的多数人的意见决定。

首席大法官是密克罗尼西亚联邦司法系统的首席执行官，可由国家行政机构之外的行政管理人员担任。首席大法官可以颁布、修正国家法律的各种规定，而且依照惯例，首席大法官还具有以下职能：将国家各初级法院和最高法院的审判庭根据地理和职能划分为不同的部门；将各位法官分配到不同的法院部门，给已经退休的最高法院、州法院和其他法院法官委派特定的任务；制定各种审判程序和有关证据的制度；监管在最高法院和州法院之间转移的案件；监管律师和已退休法官的聘任和风纪问题；根据法律修正司法规则。

如果首席大法官丧失行使大法官权力和履行大法官职责的能力，则首席大法官应该任命一位陪审法官代替他行使权力和履行职责。如果首席大法官的职位出现空缺或者首席大法官没能任命一位陪审法官代替他的职位，则总统可以任命一位陪审法官为首席大法官，直到新的首席大法官被选出或者首席大法官恢复任职能力为止。

各法官的资格要求和薪酬都由相关法律做出规定。法官的薪酬在任职期间不得减少，但是由法律规定的所有公职人员的薪酬都减少相同比例的情况除外。

第三节　安全防务

密受美托管多年，同美有特殊关系。根据 1986 年生效的密美《自由联系条约》，密联邦享有内政、外交自主权，但国防在 15 年内由美负责，密联邦不得允许其他国家利用其领土和海域从事军事目的性的活动。2003 年 5 月，密美续签该条约，有效期到 2023 年。因此，密联邦没有常备军，其安全防务由美国负责，但密联邦公民可以自愿在美国参军。

密联邦警察是一支小规模的警察部队，是密联邦政府的一个部门，负责处理国内安全事务。密联邦 4 个州都有警察部门和公共安全部门。

第四章

经　济

第一节　概况

密联邦经济不发达，绝大多数人的经济生活以村落为单位。经济长期严重依赖外援，国内缺乏有效的市场机制和良好的投资环境，经济发展缓慢。现在密克罗尼西亚联邦已加快启动基础设施建设的发展项目，建设机场、码头、公路、学校、医疗卫生设施、电力系统、污水处理系统以及其他必要设施。密联邦拟拨付5200万美元的财政支出用于改善基础设施。另外，到2023年《自由联系条约》到期之前，平均每年会有1900万美元的财政支出用于此项建设。基础设施的建设与完善将为旅游业、种植业、渔业等关键部门的投资创造一个良好的环境和氛围。

农业是该国经济的重要组成部分，但生产方式落后。该国无粮食种植，主要的种植作物有椰子、香蕉、面包果、槟榔、木瓜、红薯、菠萝、胡椒、芋头等。密联邦出产优质胡椒，并出口国外。接近10%的劳动力从事农业生产，7%的出口收入来源于农业。粮食及生活日用品均靠进口。密联邦是中西太平洋的主要渔场之一，渔业资源丰富，是世界著名的金枪鱼产地。蟹、贝类、龙虾及淡水鳗等资源有待开发。近年来捕捞业有了大的发展。

密联邦旅游资源丰富，是著名的潜水圣地，其独特的岛屿文化和风俗保持良好，但密联邦旅游设施落后，目前仅有接待零星散客的小宾馆，相关的旅游指南、导游以及购物和消费等配套行业都需要进一步开发。而且从密联邦飞抵他国目前须途经关岛，开通往返密联邦波纳佩与关岛航线的航空公司也只有美国联合航空公司。中密两国于 2008 年 5 月签署《旅游谅解备忘录》。密联邦实行落地签证，即游客抵达密联邦机场时办理签证。但由于航线限制，中国公民赴密联邦必须经停美国关岛，因此须事先申请美国过境签证。

密联邦工业只有少量加工业，如制皂、渔产品加工、椰油加工和成衣加工。建筑和机械修理行业部分由外国人经营。密联邦在国家经济发展规划中把种植业、渔业、旅游业作为经济的"三大支柱"，旨在促进经济全面发展，目前正大力鼓励私有经济的发展。

密联邦 2013 财年国内生产总值为 3.173 亿美元，人均国内生产总值为 3100 美元，国内生产总值实际增长率为 - 3.6%。在该年度国内生产总值的构成中，农业占 26.3%，工业占 18.9%，服务业占 54.8%。该年度出口额为 8830 万美元，进口额为 2.585 亿美元。

密联邦 2014 财年国内生产总值为 3.065 亿美元，人均国内生产总值为 2900 美元，国内生产总值实际增长率为 - 3.4%。该年度通货膨胀率为 0.6%。

密联邦 2015 财年国内生产总值为 3.06 亿美元，人均国内生产总值为 3000 美元，国内生产总值实际增长率为 - 0.2%。该年度通货膨胀率为 - 1%。

第二节 基本政策

密克罗尼西亚联邦是目前世界上最小的经济体之一，但其资源丰富的辽阔海域以及独特的自然和人文环境，提供了广阔的发展和合作空间。

一 农业政策

根据不同的职业角色，密克罗尼西亚联邦的农业部门分为生产商、服务供应商、政策经纪、产权经纪、客户和投资商。密联邦的农业政策遵循七项基本原则：环境可持续性；文化的敏感性和忠诚性；社会公平和性别平等；支持私营发展；政府辅助；良好的管理和透明度；遵守国际公约。其农业发展战略主要包括：建立稳定的农业政策实施部门，加强各利益相关者的能力，持续提高传统农业的生产率，增加收入，增加农产品在国内和国际市场的销售量，提高农产品的附加值，加强国内和国际交通运输联系，加强农业和旅游业的协同效应，增强农业抗自然灾害和气候变化的能力。

二 投资政策

为吸引外来投资，1989 年密联邦政府颁布了《外商投资法》，1992 年制定了《外商投资管理条例》，1997 年对《外商投资法》做了修改，对外资利用制定了一些较简单的优惠政策。但密联邦社会各界对于吸引外资持不同意见，加上各州对外资利用的配套设施不全，总体态度较为谨慎。密联邦对外来投资有以下要求：

保证密联邦能够赚取外汇；提供相当数量的就业机会；充分利用原材料和本地原料，使企业能够可持续发展；促进技术发展，发展高新产业；有计划地使用自然资源，保护环境；培训企业所需要的各方面、各层次的本地工人。

为吸引外资和促进本地企业的发展，密联邦政府和各州政府在努力营造一个有益的商业环境方面取得了巨大进步。政府已经制定了一些明确的措施和法律法规，比如《破产法》、《安全交易法》及《土地抵押和租赁法》等，从而填补了这方面的空白。

对于在密联邦经商或是投资，每个州都有自己的优势和具体的外商投资方针，并鼓励有兴趣的投资者与州政府单独协商具体事务。另外，密联邦政府也鼓励各种形式的商业关系以及开展各种本地人参与的商业活动等。

近几年，密联邦和各州政府积极扶持私营经济的发展，制订的发展计划也强调发展私营经济的重要性。密联邦政府在其国家发展计划中致力于为现有企业的经营和发展创造良好的环境，鼓励并积极促成本地和外国投资者在资源利用型及其他制造业领域进行投资，鼓励私人从事州际贸易和对外贸易，通过立法及积极的财政手段促进建筑业的发展。

密联邦鼓励投资的领域包括渔业、服装业、种植业、家畜（包括山羊、猪、家禽）养殖、商品林开发、建材生产、进料加工、组装产品出口等。由于密联邦是一个松散的联邦制国家，各州自主权很大，各州也划出了一些鼓励投资的领域，包括商业性渔业捕捞、渔产品加工、海底矿产资源的商业性开发等。虽然密联邦农业发展落后，但其椰子产品加工业发展较快，而且还具有一定的增长潜力。另外，以加工再出口或转口为目的进口到密联邦的产品享受关税退免的待遇。所有完全在密联邦生产的产品进入美国市场享受免除关税的待遇，但下列商品除外：手表、钟表及其他计时器，纽扣，油浸金枪鱼罐头，与多种纤维协定相关的产品（如鞋类、皮衣等，但服装成衣的出口不受限制）。

（一）农业投资信息

密联邦的农业生产具有小型且本土化的特点。食品一般用于当地消费，也有较小规模的出口，出口地区包括关岛、塞班和马绍尔群岛等。主要出口产品包括香蕉、槟榔和柑橘类水果。表 4 - 1 为密联邦的主要农业项目。

农业领域的投资机会主要是成立小规模的合资公司，以增加密联邦在现有地区市场的产品供应，并将产品推广到帕劳、澳大利亚、日本和中国等国家。

表 4 - 1 密克罗尼西亚联邦的主要农业项目

农业项目	具体信息	参与形式
香蕉	密联邦境内生长着约 22 种香蕉树,其中有 13 种香蕉可提供 50% ～ 100% 的人体每日所需的维生素 A。科斯雷州和波纳佩州的香蕉所含有的 β 胡萝卜素比普通的卡文迪什香蕉高 25 ～ 250 倍。	投资、贸易、开发
槟榔	目前是主要的出口产品。投资者可以在本地重新种植槟榔,并进行集中、高效的管理。	产品开发、投资、贸易
椰子	用新鲜椰子加工成的椰子原油具有丰富的营养成分,有利于提高人体免疫力,在密联邦市场上已有多家健康食品公司出售该产品。新鲜椰子比椰干所需劳力少,农民投资回报较高。虽然世界市场对椰干需求量下降,但椰干仍是生产当地必需品如椰子肥皂的原料,另外椰干还是非常具有前景的生物燃料资源。	产品开发、投资、贸易

续表

农业项目	具体信息	参与形式
诺丽果	诺丽果是一种在密联邦各地大量生产的农产品,具有较大的加工和出口利润,健康价值也不可小觑。每年有 50 个国家的 200 多个公司需从密联邦进口诺丽果。诺丽汁的零售价达到每升 42 美元。	投资、贸易、开发
胡椒	波纳佩胡椒被誉为世界上最好的胡椒品种之一。它是一种高级香料,通常以每盎司 5 美元的价格出口到世界各地。种植该产品的农民可盈利 6000 美元/英亩。有些当地的农民专门为出口而种植波纳佩胡椒。	投资、贸易、开发
萨考酒	萨考酒作为国际健康食品出口,是患有焦虑、失眠和肌肉疼痛者的理想饮品。	投资、贸易、开发

资料来源:密克罗尼西亚联邦驻华大使馆。

(二) 制造业投资信息

密联邦的制造业主要有两个特点:一是小规模生产,二是以椰子树、矿泉水和海洋资源等丰富的自然资源为基础。第三次经济峰会召开后,制造业的主要目标是提高本地优势产品的竞争力,从而进一步促进制造业的发展。表 4 - 2 为密联邦的主要制造业项目。

表 4 - 2 密克罗尼西亚联邦的主要制造业项目

制造业项目	具体信息	参与形式
装配线制造	装配线主要用于消费品的制造,例如衣服、行李箱、家庭装饰品等。制鞋和家具产品制造中也存在着投资机会。密联邦具有劳动力廉价和距亚洲市场近等优势。根据《自由联系条约》,密联邦产品可免税出口美国。	投资、开发商

续表

制造业项目	具体信息	参与形式
酿酒	密联邦人均啤酒消费量较高,因此啤酒酿造厂的建立对密联邦显得非常重要。啤酒销售可以分两步进行:首先可在各个酒店和酒吧零售,然后再以瓶装或者罐装的形式在全国销售。	投资、酿造厂、开发商
椰子产品	波纳佩椰子产品公司(Pohnpei Coconut Products, Inc.)从1974年就开始生产经营椰子类产品,包括香皂、洗衣皂、椰油、防晒油、洗发水等。该公司机器设备较新,其产品广受关岛和日本买家的好评。该公司正在寻求投资以扩大经营。波纳佩州的椰子业发展局(CDA)是一个试验加工椰干和新鲜椰子产品的政府机构,试验产品包括椰子原油、椰子奶和其他产品。私人投资者可以投资这些产品的加工和出口。丘克州的椰子产品投资项目与此相似。	买家、开发商、投资管理、市场和产品开发
水资源	科斯雷热带水国际集团充分利用科斯雷的矿泉水资源,将其加工成为可出口的水产品,其模式与"斐济水"类似。其中水的运输和灌装安排都已确定,但使该种水产品得到市场认可的工作还在探索中。投资该产品的研发和经营是可行的。	投资、开发商

资料来源:密克罗尼西亚联邦驻华大使馆。

(三) 渔业/水产业投资信息

密克罗尼西亚联邦是世界上最大的金枪鱼产地。密联邦拥有100万平方公里的专属经济区,每年该经济区通过颁发渔船捕鱼执照给日本、中国大陆与台湾、韩国、美国、欧盟各国就可创造数千万美元的财政收入。海洋无疑是密联邦最重要的资源,而西太平洋海域是迄今全球金枪鱼未被过度捕捞的唯一地区。密联邦国家专属经济区每年所获金枪鱼的市场估值就达2亿美元。目前,密联邦还掌握着国内金枪鱼生产的所有股份,每年可以保证10万吨的产量。表4-3为密联邦的主要渔业公司、机构及项目。

表4-3 密克罗尼西亚联邦的主要渔业公司、机构及项目

渔业公司、机构及项目	具体信息	参与形式
卡罗莱纳渔业公司	属于波纳佩州所有的私人企业,目前正在经营两个围网,其货物通过波纳佩转运到泰国的罐头厂。投资大型船只可以提高效率,降低成本。	投资
丘克淡水金枪鱼公司	国有企业,主要将金枪鱼长途运往日本。自20世纪90年代,政府已投资700万美元。私营公司可接管经营。	投资、租借
太平洋金枪鱼产业有限公司	科斯雷州国有船运和冷冻公司,目前处于闲置状态,适合渔业加工以及其他渔业活动。	投资、开发
"潜水海鸥"公司	雅浦的国有渔业公司,经营一个大的围网。	投资
国家水产业中心	目前该中心正在寻找国际市场及产品的出口和贸易机会,鼓励私有化改造或者成立合资企业。	投资、贸易、开发
黑珍珠项目	寻找买家或者国际贸易商。	投资、贸易
金枪鱼罐头加工	可投资建立金枪鱼罐头厂或购买金枪鱼加工设备。目前人们对海产品的需求量日益增长,使该行业成为投资者理想的选择。	投资、研发

资料来源:密克罗尼西亚联邦驻华大使馆。

密联邦广阔的暗礁水域和湖泊适合各种水生物生长,这进一步促进了各种水产业制品的出口和内销。目前关于巨蚌、水族蚌、珊瑚、黑珍珠以及海绵等水产品的研究活动正在进行中。在有合适的投资和目标市场的情况下,一些特色鱼种如鲶科鱼、兔鱼和其他一些高端鱼种的养殖具有广阔的发展前景。

(四) 旅游业投资信息

密联邦保留了独特的岛屿文化和风俗,除此之外,美丽的原始

第四章 经 济

生态也使密联邦成为地球上"最后的天堂"。密联邦每个州都完整地保存了各自的语言、独特的风俗习惯以及传统文化遗迹。密联邦还有世界上最著名的潜水地点。丘克岛上的海底军事博物馆每年都吸引着世界各地的游客，雅浦岛则是有 18 英尺翼幅的蝠鲼的栖居地。表 4 – 4 为密联邦的主要旅游投资项目。

表 4 – 4　密克罗尼西亚联邦的主要旅游投资项目

旅游投资项目	具体信息	参与形式
生态旅游	鉴于密联邦优越的地理位置和自然条件,可以将其发展成为开展户外活动的旅游胜地,包括潜水运动、水下探险活动、捕鱼、徒步旅行、观鸟以及冲浪等。	投资、设计、建筑
酒店	建设国际星级酒店/宾馆用于接待高规格游客和国际贵宾等。	投资、酒店管理
飞机直航	亚洲到密联邦的飞机直航项目。	投资
文化村旅游	投资文化村旅游项目,使游客可以在当地的村子里寄宿,观看当地传统歌舞表演,品尝当地美食。文化村同时也可以带动和促进密联邦文化旅游的发展,并传播密联邦传统文化。	投资、旅馆经营
潜水项目经营	丘克有世界上最大的潟湖,还有世界上最精美的水下博物馆。雅浦、科斯雷和波纳佩是海洋生物的乐园。随着密联邦政府对旅游业基础设施的建设和完善,密联邦旅游业也将得到迅速发展。投资项目包括旅游推广计划及潜水器材商店的开办和经营等。	投资
乘船娱乐	密联邦港口建设得到了一定的发展,且密联邦境内 4 个州之间有很多世界上最美丽的小湖,因此投资发展多岛之间乘船娱乐的旅游项目是非常有潜力的。特别是环保型乘船娱乐的发展项目也与密联邦政府正在提倡的生态旅游活动相辅相成。	投资、旅行社经营

旅游投资项目	具体信息	参与形式
会议设施	波纳佩目前正在探索将该州发展成为地区性的会议地点,而在波纳佩刚刚成立的金枪鱼委员会更增加了这一想法成为现实的可能性。投资并推进该岛会议设施的建设和完善是一个非常好的投资机会。	投资、旅游承办、旅行社经营
法洛斯休闲岛和太平洋花园酒店	这是在丘克州绝好的投资机会。在密联邦境内,私人包租或购买的商业旅游公司所经营的业务有以下几种:潜水、海岸划船娱乐项目、生态旅游建设、酒店/宾馆管理、纪念品出售等。包租范围包括一个私人岛屿上的潜水项目,以及丘克主岛上一个包括厨房和10间客房的宾馆。	投资

资料来源:密克罗尼西亚联邦驻华大使馆。

三 税收政策

密克罗尼西亚联邦有两大类税收:一类是联邦政府通过海关和税务局征收的进口税、总收入税、所得税和社会保险税;另一类是各州政府、市政府征收的地方税。

(一) 进口税

密联邦关税由联邦政府征收。对进料加工复出口的加工原料免征进口税,具体做法是先征后退。加工后的产品若用于出口也不用缴纳出口税,但为加工出口商品而进口的设备及包装材料则要缴纳进口税。

对烟草制品、啤酒、葡萄酒、麦芽饮料和蒸馏酒精饮料都要征收进口税,不论其是用于销售还是个人使用。但是,根据各州法规,入境旅客每人每次可以按以下限量标准免税将以下商品带入密

联邦境内供个人使用（不能销售），包括 200 支香烟、一磅烟草或 20 支雪茄、52 液量盎司酒或 1500 毫升蒸馏酒精饮料、200 美元以内的其他商品。

（二）总收入税

总收入税是所有密联邦企业支付的主要税种。该税以企业的总收入为基础征收。

（三）所得税

所得税以雇员的收入为基础计征。雇主必须从支付给雇员的收入中扣除所得税款。雇员的收入包括雇员所有的收入（包括非现金收入）。所得税按照密联邦税法规定的标准予以计算和征收。

（四）社会保险税

密联邦社会保险税由雇主支付一半，雇员支付一半，并由雇主从雇员的收入中扣除。

（五）美国企业特别待遇

美国国内税收规则第 936 条现适用于密克罗尼西亚联邦，给在密联邦经营的美国企业特别税收优惠。

（六）销售税和使用税

销售税适用于进口商品在国内的第一次销售。进口非销售而自用的商品（包括从境外带进的商品）须缴纳使用税，其税率与该商品的销售税一样。

（七）执照费和经营税

波纳佩州各市镇根据企业的经营规模征收不等的执照费和经营税。但非自然人的外国人或外国公司不得在密联邦开办零售商店（变通做法是与当地人合伙，利用当地人的执照开办商店）。

第三节　渔业

渔业是密联邦主要的经济产业。密联邦全国鱼类资源丰富，尤以金枪鱼著称。水产品向来是密克罗尼西亚人食物的重要组成部分。水产品大多数是鲜品和冷冻品，一部分由当地渔民自食，一部分卖给本国消费者，还有一部分供出口。

一　海洋渔业

（一）概况

密克罗尼西亚联邦渔业以海洋渔业为主。海洋渔业分为沿海渔业（在红树林、礁岩区和潟湖生产）、近岸和底层渔业、外海渔业（主要捕捞金枪鱼）。沿海资源绝大部分由渔民利用以维持生计，近岸和底层资源由渔民集体利用，而外海资源则由远离陆地的商业性和工业性渔业公司所开发。

（二）金枪鱼渔业

密克罗尼西亚联邦专属经济区拥有大量的金枪鱼资源。根据入渔协定，密联邦主要有外国延绳钓、围网和竿钓渔船三种捕捞方式。1979 年，密克罗尼西亚联邦成立海洋局。20 世纪 80 年代发展起来的围网渔业，在产量和产值上均是密克罗尼西亚联邦最重要的渔业项目。其中，美国、日本、韩国围网渔船在密克罗尼西亚联邦捕获的金枪鱼所占比例较大。

近年来，在密克罗尼西亚联邦作业的外国渔业公司大力发展用于金枪鱼捕捞的延绳钓渔船，所捕捞的生鱼片级的新鲜金枪鱼被海运或空运至关岛和帕劳，再转至他国。1994 年中国渔船根据租船安排首次进入该海域作业。截至 2015 年年底，中国有 18 艘围网船和 20 艘冰鲜船在密联邦水域作业。

密克罗尼西亚联邦也直接资助国内用于维持生计的金枪鱼捕捞，增加了对提高国内金枪鱼捕捞能力的投资。1989 年组建的商业实体国家渔业总公司为领导机构，负责本国金枪鱼渔业的发展。1995 年亚洲开发银行向密克罗尼西亚联邦政府提供 650 万美元的渔业发展贷款，发展以供应生鱼片市场为目标的本地延绳钓渔船队。除了国家金枪鱼渔业发展项目外，密克罗尼西亚联邦各州也积极投入或参与金枪鱼渔业的开发。2014 年密联邦共有围网渔船 10 艘、延绳钓渔船 18 艘，全年捕捞金枪鱼 4.09 万吨，比 2013 年增长 50.9%。

（三）渔业基地和后勤设施

波纳佩州、丘克州、雅浦州和科斯雷州均有渔港码头，有些还有冷库。波纳佩州是四个州中面积最大的州，为联邦政府所在地。克隆是该州的港口，大部分延绳钓渔船在此港口转载。该港有较好的避风港湾，有设施良好的码头和冷库，在码头上卸鱼、补充供给十分便利。当地为附近岛屿服务的船舶也以波纳佩为基地，使用码头的一部分。在密克罗尼西亚联邦水域的大多数日本延绳钓渔船都在波纳佩停靠加油，每次停留，日本人仅购买少量新鲜蔬菜、酒以及柴油。当地有一家渔业代理公司能解决渔船的生产资料补给和鱼货的销售等问题。波纳佩每天有来往关岛的班机。

丘克州是密克罗尼西亚联邦人口最多的一个州，马温岛是该州的中心，商业港口处于此岛。该港口是围网转船运输的主要港口，可供应燃料，有冷库。雅浦州作为渔业基地的有利条件是该州离金枪鱼中心渔场较近，可降低成本，另外，该州有码头、小修车间、小型冷库。科斯雷州为人口最少的一个州，有小型码头，货船可停靠，但码头短，不能保证充足的燃油。

二 水产养殖销售

密联邦政府和州政府均对各种水产养殖业的商业潜力感兴趣。1991 年在科斯雷州设立了国家水产养殖中心，从事研究、示范和培训工作，其主要工作是繁殖大砗磲（Tridacna gigas），供其他州播苗增殖。养殖的砗磲被出售给餐馆作为特种生食，也出口至美国水产品市场。国家水产养殖中心培育的幼砗磲还被用于礁岩区的资源恢复。已开展调查的其他水产养殖项目包括马蹄螺的播苗和移殖，以及海藻、珠母贝（Pinctada margaritifera）、海绵和麒麟菜的养殖。1995 年波纳佩州政府在波纳佩州努库奥罗环礁开始试养黑珍珠，现已进入商业运作阶段。

在多数边远岛屿，人们为维持生计而从事捕捞，卸鱼量也许会超过需求。有时人们将过多的渔获物抛弃，或以非正式的易货方式进行交换，或对剩余的渔获物进行盐渍和干制保存。

波纳佩渔业总公司拥有鱼品加工设备，能生产包括真空包装新鲜和冷冻鱼块、熏鱼在内的一系列金枪鱼产品。来自外国和本国延绳钓渔船的不宜空运的金枪鱼作为鲜货出售，而生鱼片级的金枪鱼则空运至关岛和帕劳，继而转运日本。目前密克罗尼西亚联邦拥有金枪鱼围网船，将符合出口质量的渔获物在世界市场销售，在各海外港口转运；不符合出口质量的渔获物被出售给当地的加工厂，以生产附加值产品，还有些供应当地餐馆或在当地市场出售。

三 渔业管理

（一） 管理机构

1982 年密克罗尼西亚联邦宪法第 18 条确立了领海从岛屿基线算起宽度为 12 海里，同时也以此基线设定了 200 海里专属经济区制度。根据密克罗尼西亚联邦宪法，原则上中央政府有权管辖从岛屿基线算起 12 海里以外、200 海里以内水域的渔业，而州政府则负责领海内的渔业。然而该国法规也赋予州政府管理 12 海里以外、200 海里以内的渔业的权力，同时，中央政府也参与领海内的渔业管理。

根据该宪法，密克罗尼西亚联邦成立了以下主要国立渔业机构。

（1）密克罗尼西亚海洋局：为政府制定相关规章制度和从事相关管理的机构，旨在调控密克罗尼西亚联邦 200 海里专属经济区内资源的利用、管理和养护。其职责和权限包括：为保护、管理和开发密克罗尼西亚联邦领海及渔业水域的所有生物资源，制定各项规章；划定渔业水域界线；颁发外国人渔业许可证；在密克罗尼西亚联邦议会开会期间，向议会提出预算报告及资金支出报告以待批准；履行宪法所规定的其他各项义务和职责。

（2）国家渔业总公司：负责促进中上层渔业链及相关产业的发展。

（3）国家资源开发部海洋资源局：向联邦政府和州政府提供技术服务，资助海洋资源的开发与管理，同时还负责 1991 年设于科斯雷州的国家水产养殖中心的管理，开展水产养殖示范、培训和咨询服务。

（4）海洋监督局检察长办事处：负责监督和执法，该监督局

有 3 艘澳大利亚资助的巡逻舰。

另外，负责州一级海洋资源利用和管理的政府部门和半政府机关有：波纳佩海洋资源局、波纳佩经济发展局、科斯雷海洋资源局、丘克海洋资源局、雅浦海洋资源局、雅浦渔业局。这些部门的职责和活动与联邦机构有部分相仿。

（二）管理检查

根据《密克罗尼西亚联邦渔业水域管辖法》规定，海洋局有权对在本国 200 海里专属经济区内作业的外国捕捞渔船实施管理。凡要求在密克罗尼西亚联邦海域进行捕捞作业的国家都必须向密联邦海洋局提出申请，并先达成捕捞协议，再提交密联邦国会批准，由密联邦海洋局签发许可证。如渔船数量较少（10 艘以内），则密联邦海洋局无须经国会批准可直接签发许可证。该法同时还规定，密联邦海洋局必须在接到申请单后 30 天内做出答复，否则可视作同意。

根据该法，密联邦被授权的任何官员可随时登上任何一艘获颁许可证的外国渔船进行搜查或临时检查，有权查阅所颁发的许可证，而且，当该官员发现了渔船涉嫌违法的足够证据时，可对该渔船相关人员进行逮捕或拘留。获得许可证的渔船必须将其许可证悬挂在驾驶室的醒目位置，船上必须备有船位测定仪器及识别器具，以维持其正常的航行与运营，并驻有密克罗尼西亚籍观察员。

（三）捕鱼许可

2014 年，密克罗尼西亚海洋局与有关国家和地区就提升在密联邦专属经济区捕鱼价格的谈判取得进展，目前与日本和中国台湾地区已经达成一致，但与中国大陆地区和韩国的商谈仍在进行之中。

从 2015 年 1 月开始，密联邦规定在其专属经济区捕鱼的价格提高到每天每条船 8000 美元，日本和中国台湾地区甚至同意以更高的价格在密联邦专属经济区捕鱼。2014 年 10 月 29 日，日本与密联邦达成协议，以每天每条船 8521 美元的价格购买 2300 个捕鱼日，总价约为 1960 万美元，高于上一个协议 2014 天、总价约 1320 万美元的水平。2015 年密联邦与中国台湾地区最终达成的协定是：总捕鱼日为 1540 天，与去年持平，每天每条船单价约为 9500 美元，总价约为 1463 万美元，高于去年总价约 924 万美元的水平。

据密克罗尼西亚海洋局计算，加上与美国达成的 1140 万美元和与其他地区达成的 60 万美元的捕鱼价格，即使在与中国大陆地区和韩国谈判尚没有结束、数字尚没有统计进去的情况下，目前已谈成的捕鱼许可收入已经达到了 4600 多万美元。2015 年全年的捕鱼许可收入将会大大高于 2014 年的水平。

（四）鲨鱼保护

2014 年 5 月 8 日，丘克州约翰州长签署了《鲨鱼禁捕法案》。至此，密联邦 4 个州都已经通过禁捕鲨鱼的立法。密联邦作为世界闻名的潜水运动圣地，水下还保存着很多见证了二战历史的沉船，旅游经济得到较快发展。在此情况下，保护鲨鱼变得迫在眉睫。位于西太平洋的帕劳的一项调查表明，一只鲨鱼被捕捞后仅可售价 108 美元，而一只鲨鱼一生中可以为那里的旅游业带来 190 万美元的收益。因此，无论是从经济角度还是从文化角度看，保护鲨鱼都是长远之计。

密克罗尼西亚地区包括北马里亚纳群岛、密联邦、关岛、基里巴斯、瑙鲁、帕劳和马绍尔群岛，位于太平洋中西部。在关岛和帕劳原有鲨鱼保护措施的基础上，2011 年在波纳佩州召开的密克罗尼西亚地区行政首脑会议通过决议，决定在该地区的专属经济区建立鲨鱼保护区，授权各国禁止鱼翅及其他鲨鱼产品的交易。这是世界上最大的鲨鱼保护区，也是第一个以某地区政府协议的形式设立的鲨鱼保护区，面积可达 650 万平方公里。

四　渔业研究与教育

海洋渔业研究过去几乎由外国政府和机构承担，如日本大学的研究船和培训船常将密克罗尼西亚联邦渔业作为研究领域。

密克罗尼西亚海洋局从事全国渔业和水产养殖的研究和监测，旨在对主要渔业现状进行连续评估，对特定资源进行调查、评估和研发，以鉴定新渔场、新技术及商业性捕捞或水产养殖的潜力。主要活动包括蚌养殖、饵料鱼捕捞等。

设在波纳佩州的密克罗尼西亚社会学院从事本地区沿海渔业的研究。密克罗尼西亚社会学院授以两年制海洋资源准科学学士学位，密联邦人员一般要到海外院校接受更高等的教育。州级的沿海渔业研究由与海洋资源相关的政府部门负责进行。1990 年在雅浦州成立了密克罗尼西亚海洋与渔业研究院，目前的任务是培训捕捞部门所需的船长、甲板水手以及船舶工程师等。

五　国际合作

在密克罗尼西亚联邦海域捕鱼有两种形式：一是独立申请捕鱼权，并支付相应的入渔费；二是与当地公司合作开发渔业资源。密联邦政府鼓励第二种方式，并给予相应的优惠条件，促使本国渔业不断发展。目前政府还没有规定捕鱼的限额，但可根据需要随时指派观察员上船检查，并有权对违法的渔船做出相应的处理。

密克罗尼西亚海洋局就渔业技术问题直接与区域性和国际性组

织接触，而政策和其他事务则通过外交部进行安排。密克罗尼西亚联邦是太平洋共同体（其前身为南太平洋委员会）、太平洋岛国论坛渔业局和南太平洋区域环境规划署的成员，又是相关区域性渔业协议和协定的签字国，包括南太平洋岛国政府与美国政府间的多边渔业协定、禁止大型流网船在南太平洋捕鱼的《惠灵顿公约》、南太平洋区域渔业监督和执法合作的《纽埃协定》、共同关心渔业管理合作的《瑙鲁协定》、西太平洋围网渔业管理的《帕劳安排》等。

密克罗尼西亚联邦是《联合国海洋法公约》和《执行 1982 年 12 月 10 日〈联合国海洋法公约〉有关养护和管理跨界鱼类种群和高度洄游鱼类种群的规定的协定》的缔约国。

密克罗尼西亚联邦除了缔结区域性和国际性渔业协定外，还与在本国专属经济区内开发利用金枪鱼资源的日本、韩国、美国及中国大陆和台湾等国家和地区签有渔业合作协定。

日本与密克罗尼西亚联邦签有双边渔业协定，协定都是由民间团体出面签订并实施的，规定日本以金枪鱼延绳钓和竿钓渔船作业，有些年份还有围网渔船作业。日本海外渔业协力财团提供冷藏库、制冰等相关设施。

中国大陆地区与密克罗尼西亚联邦的渔业合作始于 1992 年上半年。1979 年中国台湾地区与密克罗尼西亚联邦签订入渔协定，1990 年 6 月该协定中断，1992 年渔业合作恢复。

密克罗尼西亚联邦的渔业援助来自多种渠道，日本是密联邦迄今最大的渔业援助国，帮助密联邦完成多项基础设施项目，还参与密联邦资源评估等活动。密联邦还与澳大利亚、新西兰和美国等国政府保持着技术合作，并接受援助。密联邦渔业部门还广泛接受来自亚洲开发银行、联合国粮农组织、联合国开发计划署、美国国际开发署、日本国际协力事业团、日本海外渔业协力财团、澳大利亚国际开发局、太平洋岛国论坛渔业局、南太平洋委员会、联合国资本开发基金会等国际机构的援助。近些年来，亚洲开发银行向密联邦提供了加强研究机构的海洋资源管理和养护技术的补助金。

六　产业动态

中西太平洋的鲣鱼和黄鳍金枪鱼尚未充分开发，且密克罗尼西亚联邦渔区非常辽阔，密联邦渔业具有相当大的发展潜力。

1996 年 12 月，密克罗尼西亚联邦召开国家渔业政策高峰会议后，逐步修订渔业政策，改变原来的渔业政策带来的负面影响，以便国家渔业能有更进一步的发展。新政策的重点不是直接参与渔业，而是把外国渔船吸引到密联邦国内港来，作为其转运基地。在有效利用以当地作为基地的生鱼片金枪鱼延绳钓渔业方面，密联邦尚有很大的发展可能性。在技术方面，必须克服钓获率低的问题，但优势在于密联邦距空运基地关岛及塞班很近，而且日本一直在帮助密联邦改造机场和进行码头建设。

2010 年 2 月 25 日，旨在促进中西太平洋地区金枪鱼资源保护和管理的《瑙鲁协定》的签字国举办了第一届总统峰会并发布声明：关注自然资源保护和经济回报，继续保护和恢复金枪鱼存量的同时最大化经济回报，探索控制产出和限制措施的方案；确认作业天数的范围，限制并减少特定金枪鱼种类的捕获，通过调整许可费增加《瑙鲁协定》各方的经济收益；关闭外海区域，在中西太平洋北纬 10°～南纬 20°、东经 170°～西经 140° 的公海区域（约455.5 万平方公里）禁止有《瑙鲁协定》签字国捕鱼许可的围网船捕鱼；要求围网船在协定国水域捕获的鲣鱼获得生态标签认证证

书。该声明及上述各国采取的统一措施将对中国的远洋渔业造成一定影响，建议在该地区进行金枪鱼捕鱼作业的中国企业及相关部门密切关注，认真研究，积极应对。

2010 年 9 月，密克罗尼西亚环境部环境与紧急事务管理办公室执行长安德鲁·雅迪尔曼（Andrew Yatilman）紧急发表一篇态度坚定的声明，指出全球环境机构（Global Environment Facility，简称 GEF）资助太平洋岛国海洋渔业管理计划对发展中岛国管控其 2500 万平方公里领海至为关键，故 GEF 应持续该项资助。除对 GEF 过去的资助表示认同，雅迪尔曼还表示太平洋岛国海域不仅是全球最大的金枪鱼及洄游鱼类栖息地，而且位居全球重要公海生态系统的枢纽区域。密联邦作为中西太平洋渔业委员会所在国，多年来竭力维持区域海域管理的有效性，认同其他太平洋岛国在区域性渔业管理会议上的意见，支持 GEF 第 5 轮计划（始自 2010 年 7 月）将太平洋岛国海洋渔业管理纳入资助范围。该计划下一阶段的焦点是太平洋的小岛国及与海洋管理事务相关的气候变化。

太平洋渔业委员会有关资料显示，2012 年太平洋金枪鱼捕捞达到 261 万吨，比最高纪录的 2009 年还多出 1.2 万吨。2012 年全球各种鱼类的捕捞也同样创纪录地达到 40 亿美元。

第四节 外贸与外援

一 外贸

密联邦进出口贸易严重失衡，逆差很大，出口总额一度只占进口总额的 20% 左右。密联邦出口产品主要是农产品，如椰干、胡椒，另外还有海产品。近年来，海产品在密联邦出口中所占的比重日渐增加。主要出口市场为泰国、中国、日本、韩国、菲律宾。密联邦产品可优惠向美出口。进口产品主要为机械、汽车、食品、工业制成品、燃油等。主要进口市场为美国、韩国、日本、菲律宾、中国。

二　外国援助

（一）密美经济联系

密联邦接受的外援主要来自美国。根据密美《自由联系条约》，美国在 1986～2001 年，共向密联邦提供 13.4 亿美元的援助。根据续签后的《自由联系条约》，美将在 20 年内向密联邦提供总额约 18 亿美元的援款，其中部分用于设立信托基金。20 年后，美将停止援助，密联邦靠信托基金自力更生。密联邦同时也积极寻求从世界银行、亚洲开发银行等多边国际金融组织和澳、新、日等国获取援助。

二战后，密克罗尼西亚成为美国的"太平洋岛屿托管领土"，由美国管理。1986 年，密克罗尼西亚联邦独立，并与美签署条约。按照双方的协议，美国政府要向密联邦提供资金和项目支持。每年，美国向密联邦提供约 1.3 亿美元的资金援助，这种援助将一直持续到 2023 年。根据双方的补充协议，资金援助将用于 6 个方面，分别是教育、卫生、基础设施建设、公共部门能力建设、私有经济发展和环境。这些援助旨在让密联邦实现经济自足发展。

密克罗尼西亚联邦使用美元，进口货物多依赖美国。根据两国条约，密克罗尼西亚联邦的多项政府开销、经济发展项目都由美国政府资助。美国邮政也负责密克罗尼西亚联邦的州际和对外邮递，邮资与美国国内一致。美密人民无须签证可自由来往。

（二）中国经济援助

自 1989 年中国与密联邦建立外交关系以来，截至 2013 年 2 月，中国已向密联邦提供了超过 8000 万美元的援助，用于基础设施建设和经济与技术合作。密克罗尼西亚联邦已成为中国前往太平洋中部货船的燃料补给与转运枢纽。

根据中国海关统计的数字，中密贸易一边倒，主要是中国向密联邦出口商品。中国对密联邦出口的商品主要是机电产品、纺织服装和小商品等，中国从密联邦主要进口手工艺品。

中国与密联邦在经济技术援助领域的合作自两国建交以来发展顺利，近年来援助力度加强，中方援建的密克罗尼西亚大学友谊中心体育场、金枪鱼管委会大楼、波纳佩州政府大楼、科斯雷州高中教学楼、领导人官邸，以及资助的两艘客货两用运输船项目、科斯雷州巨蚌农场项目、雅浦州警车项目、丘克州机场候机楼扩建项目、帕利基尔和密克罗尼西亚大学之间的路灯安装项目等都在密联邦当地居民生活中发挥巨大影响与作用。2010 年 4 月，中国 – 太平洋岛国论坛对话会特使杜起文访问密联邦时出席了中方无偿援助的科斯雷州高中教学楼项目的移交仪式，该项目是目前科斯雷州最大的建筑项目。密联邦有意利用中方优惠贷款进行渔业复兴计划，在四个州分别兴建渔业加工生产设施及船坞，经过多次探讨研究正在进行最后阶段的筹划。

自 2005 年以来，中方在密联邦经济发生困难时提供了数次一定数额的现金和物资援助。2009 年密联邦遭受潮灾袭击，中方也提供了一定数额的现金援助。2015 年 3 月 29 日至 4 月 1 日，密联邦丘克州和雅浦州遭遇强台风袭击，水电供应、交通通信等大面积中断，造成一定数量的人员伤亡和当地基础设施的严重损毁，救灾工作形势严峻。应密联邦请求，中国政府向密联邦提供 50 万美元紧急人道主义现汇援助，帮助密联邦开展救灾工作。

中国从 1998 年开始在密联邦建立示范农场，每期两年，第八期于 2013 年 11 月结束。该农场位于波纳佩州马德里尼市，占地面积 8 万平方米，可耕作土地面积 4 万平方米。第八期应用的大棚种植面积为 4800 平方米，露天菜地为 2200 平方米。项目承担单位为湖南国际工程建设有限责任公司，该公司派出农业专家、技术人员及翻译共 8 人。主要种植的农作物有水果、蔬菜等，年产量定额 8 万磅。至今农场已经培训当地人员 600 多名，成为本地区的蔬菜种植中心。

援密示范农场成立近 18 年，成为宣传中国和中国农业成果的典型，成为两国友好的象征。同时，农场也为当地百姓带来实惠和生活便利。如第八期示范农场累计为波纳佩州农民提供各种种苗上万棵。中方在提供种苗的同时，还分门别类地为密方人员讲述栽培要点。到目前为止，项目组为密联邦总统和副外长官邸开荒种植了各种蔬菜，均获得成功，每天有不少农民到官邸进行观摩学习，使两处官邸成了第二示范农场。

自 2006 年 4 月起，先后有密联邦总统、副总统、外长、副外长、议长、州长、经济部长、外长夫人和州长夫人、密克罗尼西亚大学主管教学的副校长等高层人士来农场观摩参观和视察指导。示范农场在中密两国关系中的积极作用显而易见，示范农场已经成为中国在密克罗尼西亚联邦的一张名片。此外，中国"蛟龙号"载人潜水器连续两年在波纳佩港口进行补给，中国"大洋一号"科考船连续 3 年靠港补给，农场均提供了新鲜蔬菜和水果。

从 2009 年开始，中国向密联邦丘克州派遣医生，极大地提高了当地的医疗水平，并缓解了其医疗资源紧张的状况，另曾向密联邦派遣乒乓球教练帮助当地提高乒乓球水平，以及派遣中文教师在密联邦校区教授中文。另外中国与密联邦在人力资源培训领域的合作也取得了令人满意的效果，中方连续两年共招收 120 余名密联邦学员至中国参加培训，同时增进两国人民的相互理解。

第五章

社　会

第一节　国民生活

一　饮食

在密克罗尼西亚人的生活中，食物占据着突出的地位且具有象征意义。分享食物是强化家族团结的方式，也是定义权力、职责和义务的方法。在宗教仪式、官方庆祝和涉及生死或者地位变化的世俗聚会上，大量的食物分配是不可或缺的。食物分配根据等级和礼仪进行，而且通常是主人富有和慷慨的象征。某些食物在仪式上拥有特殊的地位。例如，在波纳佩，猪肉、山药和萨考酒是聚会中最负盛名的食物，而在其他地方，芋头、甘蔗和椰子的地位更为突出。聚会中传统的食物自然是主角，但在今天的市场经济中，为宾客提供进口食品也成为富有的象征。

密克罗尼西亚人的食物一般包括淀粉类的富含碳水化合物的食物、鱼或者鸡，另外还有几种水果。主要的淀粉来源是芋头、面包果、山药、甘薯和木薯。肉类（特别是鱼）是密克罗尼西亚人餐桌上的基本食物。海洋中有上千种鱼可供食用，还有丰富的海龟、甲壳类的海鲜。家养的牲畜（包括鸡和猪）一般留作宴会上的食物。水果在进餐时食用，也在其他时间随意享用，或者成为食材的一部分。主要的水果有椰子、香蕉、木瓜、露兜果、芒果和一些柑橘类水果。近年来，随着市场经济的发展和进口食品的引进，当地食物的生产和消费有所减少。今天的主食已经是米饭、油炸或者烤面包、煎饼以及拉面。

密联邦是水果的天堂，盛产香蕉、面包果、椰子、芒果、菠萝、野苹果、阳桃、番木瓜、番石榴、番荔枝等，其中面包果、番荔枝和卡拉特香蕉（富含营养素，主要作为婴儿食品）等属于密联邦各地尚未商品化、仅供本地居民食用的水果。科斯雷州因其柑橘类水果知名，如橘子、柠檬、柑橘等，这些水果在岛上包括机场均可见到。

农作物方面，波纳佩州的胡椒享誉世界，不仅是因其辛辣，更是因其浓郁的香味。当地的高湿气候使富含香味的挥发性物质在胡椒粒中得以保存。波纳佩胡椒四季开花结果，可以多次收获。

密联邦的传统主食是芋头、甘薯、面包果和香蕉，做法多种多样。鱼类、甲壳类、猪和鸡也是重要食物。波纳佩州和科斯雷州几乎家家养猪，用于在节日或其他重大活动时食用，如婚礼、葬礼和庆典宴席。当地人爱吃烧烤食物，如烤鸡翅、鸡腿、鱼、大虾、牛排、猪排和猪腿等，也有吃狗肉的习俗。请当地人吃饭，应多准备一些，饭后应把剩余的可口食品用锡盒和锡纸分别打包让客人带走，以示真诚和尊重。

槟榔是密联邦当地的咀嚼烟草，用法如下：槟榔子打碎，撒上石灰粉，再用胡椒叶包裹，有时添加部分烟草以增加效力。槟榔在密联邦处处可见，尤其是在波纳佩州和雅浦州，这也是一种重要的出口创汇产品。

萨考酒在波纳佩十分流行，在其他州也逐渐为大家所喜爱。它不仅是文化象征，也是重要的经济来源。游客可以光临萨考酒吧，亲眼看到使用石头和压榨技术制作萨考酒的过程。萨考酒是用当地甜辣椒（Piper capsicum）的根部和木槿树的内皮制作而成的，以前仅供高级首领和贵族在重大场合饮用。

二 衣着

当地天气热，除非重大节日庆典等正式场合有特别要求外，出席一般宴请，当地男士不系领带，多穿花色 T 恤衫和花色短袖衬衣。女士着装以宽松的裙装为主，主要有波纳佩裙和丘克裙。波纳佩裙被称为"尤罗斯"（Urohs），是密联邦女士的日常穿着，裙上装饰有各种地方花朵和其他图案，这种裙子也可以根据需要和喜好定制。丘克裙因为颜色鲜艳和图案精细而备受密联邦女士们的钟爱。

另外，密联邦还有一种传统服饰被称为"雅浦拉瓦"（Yap Lava），主要在雅浦流行。雅浦女士穿着的草裙是用香蕉纤维以及木槿皮手工制成的。不管男女都戴围腰：女士戴彩色条纹的围腰；男士戴的围腰叫作"杜"（Du），颜色可以是蓝色、白色、红色或是三色的组合，杜的颜色反映这个男人在村庄或家庭的地位。

三 居住

密联邦的房屋建筑模式是传统、殖民模式和西方建筑模式的综合体。以前木桩顶着茅草屋顶、下面是泥土地面的老式房子基本上都被钢筋水泥建筑逐渐代替。在城市中心，许多家庭有着现代化的厨房、卫生间及独立的卧室。在农村地区，主流的建筑都有独立的厨房、卫生间和船仓（用来放自家小船的储藏室），且现代的建材被越来越多地应用于建筑中。在很多农村社区里面，传统的宴会房和聚会厅仍然在社会生活中举足轻重，当然，教堂往往是最显眼的建筑。

空间的利用和岛屿生活所需要的生存必需品息息相关。城里人大多居住在政府部门或工作单位附近。他们一般没有大规模的可耕种土地，可能在房子附近种植很小规模的农作物。岛上的农村村落都靠近大海，拥有广阔的土地，村民种植芋头、山药、甘薯或者木薯。珊瑚环礁上的社区一般集中在潟湖沿岸的下风方向，临近大规模的芋头地块，既远离风暴，又容易获得海洋和陆地的资源。

四　出行

（一）空中交通

密克罗尼西亚联邦四个州各在主岛上有机场。目前仅有美国联合航空公司经营定期国际航班停靠密联邦波纳佩。有一私营公司提供密克罗尼西亚联邦境内各岛之间的小型飞机包机服务。

乘坐飞机进出密克罗尼西亚联邦一般须经美国关岛。现中国与密克罗尼西亚联邦之间无直航。从中国赴密克罗尼西亚联邦需在第三地转机，如日本东京、韩国仁川、菲律宾马尼拉，再经关岛前往密克罗尼西亚联邦各州。

往返机场须自驾车或乘出租车，无公共交通。一些当地旅店提供接送服务。

（二）陆路交通

密克罗尼西亚联邦无铁路。各州主岛有柏油公路，全国公路长约240公里，公路运输较为落后。密联邦无公共交通，有汽车租赁服务，但车况一般，每天租金为50～80美元。

密克罗尼西亚联邦实行车辆右行，左、右舵车均可上路行驶，但市场上99%的车为二手右舵车。密联邦只有上、下两车道，坡路、弯路较多，无专门人行道。在当地驾车、走路须注意交通安全。持中国有效驾照者在入境30天内可在当地合法驾车。

（三）水路交通

密克罗尼西亚联邦各岛屿之间的水路交通运输主要靠政府运营的定期客运船，船期一般为每月一班，票价按行程长短计算，几十美元到上百美元不等，需提前订票。邻近的小岛之间有私人小型船艇往来。乘船须注意天气变化和海上安全。

联邦政府拥有2艘800吨级轮船定期来往于各州（岛），其中一艘为日本赠送的。各州政府共有4艘600吨左右的客货两用轮。中国政府分别于2004年10月和2007年2月向丘克州和雅浦州各提供一艘客货两用船。各州的港口均可停靠远洋级货轮，主要港口有波纳佩港、科洛尼亚港、莱莱港和莫恩港。

五 社 会 福 利

密联邦人民有优渥的社会福利。国家实行八年制义务教育和十二年制免费教育。免费的公共教育主要基于美国的直接经济资助、美国教育部的援助，以及《自由联系条约》的基金资助（也提供赴美奖学金项目）。密联邦有社会保险制度，每月为退休人员发放退休金。

美国为密联邦国内事务提供了大量资金，美国农业部、教育部、内政部、卫生部、劳工部都对其提供各种经济支持。台风、旱灾、滑坡和其他自然灾害发生时，美国联邦紧急事务管理局（Federal Emergency Management Agency）则向其提供减灾救助。

第二节　社会管理

一　社会等级与分工

加罗林群岛的社会等级制度是传统等级制度和以收入为中心的社会经济等级制度的综合体。年龄、性别和特殊知识，加之血统和土地权，决定了人的身份。但是，市场经济下的个人成就在密联邦构成另外的维度，在某些程度上弱化了传统的等级区别。

基于传统和收入的等级区别通过人们的行为、语言表现出来。基于族系、年龄和头衔的上层人士得到其他人群的格外尊重。聚会时，受人尊敬的长者或者有头衔的人士首先分得食物，或是坐在最为显赫的位置。在传统等级制度中，流行只对上层人士使用的敬语和严格遵守的禁忌。

教育在劳动分工方面起着重要作用。州政府和联邦政府雇员都是中学毕业生，不少还有大学文凭。英语水平也是一个人能否成为政府雇员的决定因素。在传统经济范畴，分工的主要依据是性别。年龄和能力对于分工也有影响。孩子们很早就开始从事家务劳动，帮忙照顾其他孩子或者做一些根据性别区分的工作。有着特殊知识的专家从事一些和治疗、建筑或占卜有关的工作。

二　性别差异

传统经济中，分工的主要原则就是性别。妇女是看护孩子、照顾园艺、做饭和洗衣等工作的主要劳动力，还要收获作物，编织垫子，照顾牲畜，收拾海鲜，在近海捕捞。男性主要从事建筑和木工工作，做粗重的园艺劳动，到暗礁处从事危险的捕鱼活动。在宗教和传统的政治阶层中，男性占据了主要的具有较高地位的职务，但是在一些社会形态中，女性在教会组织中也有她们独特的地位分工。

市场经济的到来模糊了传统经济形式中的性别角色。在今天的密联邦，15 岁以上的女性中参与经济生活的占到了 52%，而男性的这一比例是 66%。政府中具有较高地位的工作仍然主要由男性从事，但女性越来越多地进入雇佣市场，导致传统家庭生活中本来由女性从事的一些工作转而由男性从事。

除了雅浦以及波纳佩的珊瑚环礁外，密联邦社会尤其看中母系关系。因此，女性是传承血统、头衔、土地权和财产的主要渠道，这赋予了女性在其他父系社会所没有的社会地位，使她们有相当的权力可以处理家庭事务，甚至可以决定土地的使用。男性主要从事政治和经济事务，在家庭中具有最终决定权，但是两性之间工作的互补性使男女双方在社会上都扮演了重要的角色。随着市场经济的深入发展，两性的角色分配发生了变化。在很多社会形态中，西方文化强调的父系角色正在对传统的母系传承产生侵蚀。

三　婚姻与家庭

传统上密联邦实行的是一夫多妻的婚姻制度，但 19 世纪中期基督教的到来使一夫一妻成为主流。今天在密联邦的不少地方，婚姻大事仍然由男女双方的家庭决定。婚姻关系带来的与土地、财产和地位相关的家庭联盟，例如姑舅婚姻，在密联邦不少地方得到青睐。自然，异族通婚仍然是重要的婚姻要求。大多数新人在基督教会的见证下喜结连理。在正式的婚礼中，双方家庭要交换礼物，还要举行盛大的婚宴来庆祝，双方可能还有土地权的转移。离婚可由夫妻任何一方提出，但是有了孩子的夫妻极少离婚。

传统的家庭包括夫妻之外的多位家族成员。平均而言，这些成员占整个家庭人数的比例由 20 世纪 70 年代的 30% 降低到现在的 18%，说明家庭正在日趋小型化。家庭成员的构成也受到婚后居住形态的影响。在夫妻主要居住在夫家的波纳佩州和雅浦州，数代同堂的大家庭比较普遍，如夫妻和丈夫的弟弟、弟妹和孩子们一起生活，或者是一个由数代父子构成的主干家庭（stem family）。丘克州和雅浦外岛则以在母家居住为主，家庭成员可能包括家族中的女性和她们的丈夫。受到西方化和市场经济的影响，只有小家庭构成的单居制（neolocal residence）正变得越来越普遍。

在密联邦，儿童教育极其重要。孩子被当作是家庭财富的源泉和父母老年的保障。因此，父母努力打造好的培养环境，满足孩子们的各种需求。妈妈是主要的看护者，爸爸和年长的孩子们也会施以援手，家族的长辈和邻居也会格外照顾孩子。因为岛屿社会中人际互动的重要性，大人带孩子外出时，孩子应脸朝外，背对着带他的人。孩子有需要，大人随时伺候在侧，有的孩子母乳喂养多年。密联邦流行孩子与父母同睡。

在儿童社会化教育的早期，文化价值的传输就开始了。孩子较早学会要有合作、分享和尊重他人的意识。批评教育之类的训诫一般由家庭成员和社区完成，而体罚则是父母的特权。儿童教育分为两部分内容，一是正式的学校教育，二是适合不同性别儿童的知识

技能的非正式习得。过去，在家庭中进行的知识学问的传授是孩子
成长过程中的重要一环。现在因为有了强制性教育制度，5～14岁
的孩子大多数都接受小学教育。

四　土地与财产权

在密克罗尼西亚的小岛上，土地极为稀缺，因此围绕土地的使
用和所有权问题出现了复杂多样的，甚至是竞争性的制度，不少制
度有着土著和后殖民特色。在大多数岛屿上，土地权和血统或部落
身份息息相关。在雅浦以及波纳佩的一些环礁上，父系关系决定土
地权的继承，而母系在传统上控制着房产。大多数情况下，母系家
族中年龄最大的男性成员管理房产。一个世纪的殖民统治之后，土
地权已经偏离了传统的集体所有形式，开始成为个体权利。小家庭
的出现和个人利益思想的增强，加之西方化的过程，使得基于家族
血统的传统土地权属体系开始削弱。

随着西方化进程的加速，密联邦传统的有形财产和特殊技能的
继承变得复杂起来。一般来说，个人拥有的有形财产可以根据主人
意愿由主人自行处理，如留给子女或者兄弟姐妹。特殊技能可以由
宗族拥有，但经常由技能拥有者的那些被证明有能力的孩子所继
承。土地的所有权归宗族集体所有，但其使用权则由父系或母系的
孩子或合法的养子女继承。某些地块的终生使用权可能在父系
（儿子们）或母系（女儿们的儿子们）之间进行分配。随着西方物
权观念和正式的继承规范的普及，土地的个人所有权越来越普遍，
因此声称拥有个人所有权的人和基于血统关系要求使用权的人之间
的继承权之争也不鲜见。法庭经常处理涉及法定继承的纠纷，对财
产权进行分配。

第三节　医疗卫生

一　医疗保险

密联邦的卫生服务和医疗基本免费。医疗费用，包括昂贵的海外转诊，都由政府负担。来自美国卫生署的资助覆盖了很多免疫和防疫项目。

密联邦医院较少，设施较落后，医务人员严重不足。密克罗尼西亚人在外岛看病主要靠一般诊所或医疗队巡诊。医疗条件和水平较低。药物有西药，也有传统药物。联邦各州主岛有一所公立医院和几个诊疗所，波纳佩州还有一所菲律宾人经营的私立医院，但合格的医护人员数量有限，平均每 3500 人有一名医生。治疗产期感染、结核病、皮肤病、性病、寄生虫病以及由不健康饮食引起的糖尿病、肥胖和心脏病多使用西药，也有医师使用传统药物。

2015 年，密联邦医疗卫生经费约占年度财政预算的 10%。密联邦有一家只为其公民提供医疗保险的国有医疗保险公司 MICARE，该公司不为外国人服务。外国游客在当地就医须全额缴费。密联邦基本无严重传染病，常见疾病有流感、腹泻、糖尿病、高血压等。

2008 年 12 月，密联邦医保委员会通过了医疗保险 5 年战略发展计划（2009～2013 年），计划制定了 7 个战略目标，主要包括以下内容：在 2009 年前消除 782511 美元赤字；2012 年医疗保险投资比 2008 年增加 50%；2013 年医疗保险的会员人数在 2008 年的基础上增加 25%；2013 年的支出比 2008 年削减 25%；到 2010 年，加大对密联邦医院的支持，改善诊断设备和培训；到 2012 年，建造医保办公大楼；到 2009 年，制订和实施人力资源发展计划。

据世界卫生组织统计，2011 年密联邦全国医疗卫生总支出占GDP 的 13.7%，按照购买力平价计算，人均医疗卫生支出 506 美元。2013 年人均医疗卫生支出 407 美元。2006 ~ 2013 年，平均每万人拥有医生 2 人、护理和助产人员 34 人、牙医 4 人；2006 ~ 2012 年，平均每万人拥有医院床位 32 张。

二　医疗交流

2011 年 8 月，在密联邦丘克州医院工作的中国首批援密医疗队圆满完成两年援密任务回国。医疗队以卓越的工作成绩为今后中密医疗卫生合作积累了有益的经验，打下了良好的基础，为促进中密友好关系做出了重大贡献。

2013 年 9 月 12 ~ 15 日，广东省友好医疗代表团访问密克罗尼西亚联邦波纳佩州，为当地群众诊断、医治眼科疾病，在不到 3 天的时间里共检查治疗 180 余例，做手术 23 例，使多名盲病患者重见光明，受到波纳佩州民众和当地医疗同行的广泛赞誉。此次广东省友好医疗代表团访密是自 2012 年以来该省第二次派团"送医上岛"。在密联邦期间，代表团还分别拜会了密联邦外交部长、卫生与社会事务部长以及波纳佩州官员等，并就同密联邦发展友好关系和医疗卫生合作进行了探讨。

2014 年 4 月，波纳佩州州长艾萨一行 4 人访粤，就传统医药的发展与研究及糖尿病的治疗展开交流，并商谈落实双方于 2012 年 9 月签署的合作备忘录的有关内容。广东省卫生和计划生育委员会、中医药局与艾萨州长一行在省第二中医院进行了座谈，省第二中医院、广州中一药业分别介绍了现代中医药产业的发展、中医药治疗糖尿病的优势和成效。

第四节　环境治理与改善

密克罗尼西亚联邦特殊的地理特点决定了其对环境和生态保护的极度关注。热带气候带来的大面积的绿色植被，加之环境保护意识的广泛普及，使整个国家如同森林公园。近年来，密联邦加大了应对气候变化的宣传和治理力度，通过多种方式吸引世界各国关注包括密联邦在内的太平洋岛国的生态变化和可持续发展，并加大了可再生能源的开发和利用力度。

一　新能源草案

2009年7月底，密联邦莫里总统致函各州州长并提交国家能源政策草案。密联邦国家能源政策的目标是通过提供并使用安全、可靠且可持续的能源来促进社会经济的可持续发展。政策草案中还提出了国家声明：使用可负担、可靠且不污染环境的能源来提高所有密联邦公民的生活水平。政策设定的总目标是通过利用可再生能源并实施能源储备措施和能源效率措施，减少对进口能源的依赖，到2020年，可再生能源应占能源产量的30%，利用效率提高50%。

能源草案的总体规划是：向边远社区提供适当的支持与激励措施，鼓励其应用可负担的能源；通过在教育和培训层次提供适当的与能源相关的培训机会，增强能源部门规划、管理和发展的能力；加快适用于本国的能源科技的研究和发展，从国际上引入本国国民可以使用并维护的相关科技；全面评估本土的未开发能源及技术能力，并予以提升；通过宣传活动和学校课程设置来增加在可再生能源及车辆燃油、能源效率及能源储备方面的培训，提升公众认知度；增强公私合作关系，扩大私营经济在能源供应方面的参与度、投资及管理，包括发电和输配电，并提高其所有权比例，创造就业机会；为独立的能源供应商创造公平竞争的商业环境，向用户提供高效、可靠和可负担的服务；扩大非政府组织和本地社区在执行以及整体规划方面的参与度与投入。

2014年11月，密联邦进行了太阳能发电系统并网，该项目由太平洋环境共同体基金资助。丘克州太阳能系统已开始运行，波纳佩州太阳能系统进行了最终调试。这些设备是迄今为止在密联邦安装的最大的太阳能设备，峰值为800千瓦的太阳能系统在联邦4个州平均分布。密联邦安装的太阳能系统在参与太平洋环境共同体基金的国家中规模最大。

二 应对气候变化

将近一半的太平洋岛国人口居住在距离海岸线1.5公里的范围内。密克罗尼西亚联邦、基里巴斯、图瓦卢、马绍尔群岛、斐济、瓦努阿图、巴布亚新几内亚等国直接受到气候变化带来的负面影响。由于全球持续变暖导致海平面上升，部分国家甚至面临被淹没的危险。自2009年哥本哈根气候大会以来，太平洋岛国一直积极呼吁关注全球变暖，采取积极措施，应对太平洋岛国日趋严重的生存危机。

2011年5月，密克罗尼西亚联邦政府和绿色和平组织表示，希望捷克政府对扩建普内罗夫（Prunerov）火电厂计划进行污染评

估。密克罗尼西亚联邦首席检察官和司法部长马科托·罗伯特
（Maketo Robert）说："气候变化的影响正体现在我们日益消失的
海岸上。最先受到气候变化影响的国家现在必须准备使用国际法，
对全球的能源使用施加影响。"

2011年9月，密总统莫里出席在新西兰奥克兰召开的第42届
太平洋岛国论坛领导人会议，重点讨论气候变化、可持续经济发
展、可再生能源发展等议题。莫里表示，太平洋岛国当前面临诸多
共同挑战，气候变化和经济发展是该地区所面临的最紧迫问题。在
之后的2012年第43届、2013年第44届和2014年第45届太平洋
岛国论坛上，气候变化一直是与会领导人最关心的话题。

2010～2012年，中国向包括密克罗尼西亚联邦在内的13个发
展中国家援助了16批环境保护所需的设备和物资，包括风能和太
阳能发电及照明设备、太阳能移动电源、沼气设备、垃圾车、排水
灌溉设施等。在坎昆、德班以及多哈举办的联合国气候变化大会
上，中国在分享国内节能减排经验的同时，承诺对最不发达国家、
小岛屿国家及非洲国家加大环保领域的援助投入，帮助其发展清洁
能源，提高应对气候变化的能力。

2015年1月，密总统莫里在总统府接见了中国新任驻密大使
李杰，感谢习近平主席在斐济楠迪会晤期间提出的发展中国同太平
洋岛国关系的一系列重大举措，赞赏中方在密方高度关切的气候变
化问题上发挥重要引领作用。

第六章

文　化

第一节　教育

一　概况

密克罗尼西亚联邦政府重视发展教育事业，宪法规定对 5～14 岁儿童实行强制性义务教育，政府每年在教育上投入的经费占密联邦年度预算的 20% 左右。

密联邦有公立学校 218 所、私立学校 25 所，在校学生约有 3 万人。文盲率为 11%。在四年制大学教育方面，密联邦学生在关岛大学可获关岛居民学费待遇，在夏威夷大学需支付比夏威夷州州民高 50% 的学费。

市场经济时代的到来使密联邦的高等教育变得至关重要。越来越多的家庭把孩子送入中学和大学，希望他们学有所成，将来可以顺利地就业。自 20 世纪 80 年代以来，在 25 岁以上的人口中，有小学以上教育背景的人所占的比例从 25% 增长到 47%。在 14～17 岁的人口中，不论男女，就读中学的比例达到 70%。大学入学率却远远落后，18～21 岁的年轻人中只有 27% 就读大学，其中的大部分学生在密克罗尼西亚大学的某个校区就读，另外极少的一些学生获得奖学金后到美国的大学就读。

二 密克罗尼西亚大学

密联邦有一所联邦专科学院密克罗尼西亚大学（The College of Micronesia－FSM，COM－FSM），该校共有六个校区：四个州各有一个校区，另外还有一个全国校区（National Campus，位于波纳佩）和渔业与海洋校区（FSM Fisheries and Maritime Institute，位于雅浦）。密克罗尼西亚大学获得美国大学西区联盟（Western Association of Schools and Colleges，WASC）两年制大学认证委员会（The Accrediting Commission for Community and Junior Colleges，ACCJC）的认证。

该大学始建于 1963 年，原名密克罗尼西亚师范教育中心（Micronesian Teacher Education Center，MTEC），1993 年更名为密克罗尼西亚大学。学校的办学宗旨是为学生提供学术、职业和技能教育机会，以助力密联邦国家发展。学校崇尚的价值观包括以学生为中心、专业的学术行为、创新、诚实、奉献与实干、合作精神和责任感。

学校有 2400 多名在校学生、约 100 名教师，雇用部分外籍教师。学校设有 6 个系，分别是农学系、商学系、教育系、语言文学系、自然科学和数学系、社会科学系。学校提供两年制的副学士学位课程和一年制的证书课程：副学士学位课程包括文科、卫生保健、教育、传媒学、会计、农业基础、工商管理、计算机信息系统、幼儿教育、酒店和餐饮管理、海洋科学、密克罗尼西亚研究、小学师范教育、特殊教育、师范教育等；证书课程包括小学教育、特殊教育、教育领导学、簿记、社区卫生健康助理、社区卫生医疗办公室助理、通识教育、幼儿园师范教育、审判协助员、职业教育项目等。

三 教育交流

为开展中密两国文化交流，国家汉办（孔子学院总部）从2006年起在密克罗尼西亚大学派驻一名汉语教师，开设汉语课程。

2010年10月，中国教育国际交流协会代表团第一次组团访问中南太平洋岛国地区。代表团一行6人应密方邀请，分别拜会了密联邦外交部、教育部和密大学。双方就进一步加强中密两国的教育交流与合作交换意见，并就密大学教师到中国培训、中国教师到密联邦讲学及安排更多密联邦青年赴华留学等问题进行了探讨。

2012年12月，前驻密大使张连云走访密克罗尼西亚大学，并会见了密克罗尼西亚大学校长约瑟夫·戴斯（Joseph Deiss）。双方探讨了两国在高等教育领域的交流与合作。密克罗尼西亚大学现已与中国上海海洋大学、浙江海洋大学等建立了校际关系。中国政府每年均提供政府奖学金，使更多密联邦青年学生有机会到中国接受高等教育。

第二节 艺术体育

一 传统手工艺

独特的自然环境决定了生活在密联邦每个主岛和外岛的居民都有独特而实用的技能，比如修筑茅屋、编织垫子、制作棕榈绳索、种植芋头、狩猎野猪、制作陷阱、制作独木舟、攀爬椰子树、调制药物和酊剂、编织鲜花等，这些都是岛民普通生活的一部分。

正因为如此，密联邦多能工巧匠，手工艺品包括用木材、贝壳、棕榈或香蕉纤维制作的配饰、编织袋或者雕刻物品，大多用小斧头、刀或针这样的简单工具制成。经过雕刻的鲨鱼骨、用贝壳或椰子制成的小饰品也都充满地方特色。

另外值得一提的且能够显示密联邦独特的手工艺传统的是丘克爱情木（Love Stick）与魔鬼面具（Devil Mask）。

根据丘克传统，每个年轻的男士拥有两根高度个性化的长短不一的爱情木，他们在上面雕刻相同的图案。短的爱情木用来整理自己的头发，长的爱情木送给女生。如果一个男生喜欢某个女生，他就把长的爱情木插入女生的小屋。如果女生喜欢他，就会把爱情木拉进去（暗示他可以进去）；如果女生把爱情木推出去，表示她对这个男生没有兴趣。

丘克魔鬼面具由来已久。据说在托尔岛（Tol）上有个魔鬼一直从饥饿的人们那里偷走食物，人们就雕刻了魔鬼面具。当魔鬼出来时，它发现到处都是"魔鬼"，吓得直接跑掉，再也没有回来。雕刻魔鬼面具的传统也就从此流传下来。

二　音乐舞蹈

密联邦口述历史丰富，其中包括独特的传统音乐。传统音乐多与传说或传统仪式相关。在宗教和世俗事务中经常使用四声部和声。在公众庆祝活动中，本土的圣歌和其他歌曲的特点是复杂的节奏、和声和象征语言。

现在的电台播放很多富有密联邦特色的流行音乐。密联邦当代流行音乐明显受到传统音乐的影响，但也有美国乡村和西部音乐、瑞格舞（雷鬼音乐）和现代欧洲流行音乐的渗入。

密联邦比较有代表性的传统舞蹈有雅浦舞蹈和波纳佩舞蹈。雅

浦人在密联邦是出名的舞者。每当有宴会或者首领婚礼一类的庆祝活动，全体人员都翩翩起舞。小孩刚能听懂话时，大人就开始教他们跳舞。雅浦的丘路舞（Churu'）代代相传，其中蕴含着历史的寄语和对村庄习俗的传承。舞者穿着椰子树叶，皮肤因抹上了姜黄和椰子油闪闪发光。跳舞时，男人和女人分开各自起舞。波纳佩传统舞蹈中的男女身着草裙，头上戴着用鲜花和树叶编织的饰品，皮肤上涂抹椰子油。舞蹈包括棍舞（stick dance），也包括边舞边唱的行进舞（marching dance）。

三 体育发展

近年来，密联邦积极参与和组织地区和国际性体育赛事。密克罗尼西亚运动会（Micronesian Games 或 Micro Games）始于 1969 年（举办地为塞班，后多年未办，第二届运动会直到 1990 年才举办），每四年举行一次，参赛队来自密克罗尼西亚地区。密联邦的四个州各自组队参加该运动会，密联邦举办了 2002 年（帕利基尔）和 2014 年（波纳佩）密克罗尼西亚运动会。

密联邦四个州组成国家队参加太平洋运动会（Pacific Games，前身为南太平洋运动会）。该项赛事始于 1963 年（举办地为斐济苏瓦），每四年举行一次，参赛队来自太平洋国家和地区。自 2011 年以来，密联邦在该项赛事中共获得奖牌 39 枚，其中金牌 13 枚，银牌 15 枚，铜牌 11 枚，在 22 个参赛队中位列第 12。2015 年 7 月，第十五届太平洋运动会在巴布亚新几内亚举办。在这次赛事中，雅浦州举重选手曼努·明英菲尔（Manuel Minginfel）共获得 3 枚奖牌（2 金 1 银），为密联邦赢得了荣誉。自 1997 年以来，曼努·明英菲尔在太平洋运动会和太平洋迷你运动会上共获得 21 块金牌、6 块银牌。2006 年，其在世界举重男子 62 公斤级选手中排名第 3。

2000 年，密克罗尼西亚联邦首次派出 5 名运动员参加奥运会，其后又参加了 2004 年雅典奥运会、2008 年北京奥运会、2012 年伦敦奥运会和 2016 年里约奥运会。密联邦代表团在 2008 年北京奥运会上参加了举重、摔跤、游泳等比赛项目。密联邦迄今尚未获得奥运会奖牌。

第三节　新闻出版

一　基本通信设施

密联邦国会下设 6 个常务委员会，其中交通通信委员会负责全国交通和通信事务的规划和管理。密联邦设有电话、电报、互联网、邮政和地面卫星设施。2010 年 3 月，关岛与波纳佩州接通了海底光缆。2014 年，波纳佩州开通 3G 网络服务。目前密联邦政府正在积极配合世界银行实施密联邦各州和帕劳之间的海底光缆互通工程。

二　主要新闻媒体

科斯雷、丘克和雅浦州政府分别定期发布时事通讯。政府、国会、外交机构、旅游部门、大学和重要的经济及能源机构都有官方网站。

《你好通讯》（The Kaselehlie Press）是波纳佩州的一份双周刊私营报纸，在全国四个州销售，现开办了网站，主要有新闻、教育、体育和天气预报栏目，对全国和四个州的政治、经济、文化生活等进行广泛报道。

密联邦各州均设有广播电台，政府电台每天广播 16～18 小时。有一家联邦电信公司控股的有线电视台，转播中国中央电视台第 9 频道（CCTV－9）、美国有线新闻网（CNN）、英国广播公司（BBC）、日本广播协会（NHK，又称日本放送协会）、澳大利亚广播公司（ABC）、半岛电视台等频道的电视节目。

2007 年 9 月，密联邦媒体人成立了密克罗尼西亚媒体协会（Micronesian Media Association）。

第七章

外　交

密联邦以"和平、友谊与合作"作为其发展对外关系的指导原则，政治上积极争取国际社会的广泛承认，树立独立自主的形象，经济上谋求国际经济技术援助，促进经济自立的进程。

目前，密联邦已同 77 个国家建交。

第一节　与中国的关系

一　双边政治关系

中国同密克罗尼西亚联邦于 1989 年 9 月 11 日建交。

建交后，两国关系发展顺利。1990 年 2 月中国在密联邦设立使馆。1991 年 6 月中国向其派驻首任常驻大使。现任驻密大使为李杰，2015 年 1 月 21 日递交国书。密联邦于 2007 年 4 月在华设立使馆。现任驻华大使为卡尔森·阿皮斯（Calson D. Apis），2015 年 12 月 14 日递交国书。

2014 年 11 月 22 日，中国国家主席习近平在斐济楠迪同包括密联邦总统莫里在内的已与中国建交的太平洋岛国的领导人会晤，双方一致同意建立相互尊重、共同发展的战略伙伴关系。

中密建交以来，密联邦历任总统均访问过中国。密联邦访华的主要有：哈格莱尔加姆总统（1990 年 11 月）、奥尔特总统（1992 年 9 月）、法尔卡姆总统（2000 年 3 月）、乌鲁塞马尔总统（2004 年 3 月和 2006 年 4 月）、莫里总统（2007 年 12 月，2008 年 8 月出席北京奥运会开幕式，2010 年 4 月底至 5 月初进行国事访问并出席上海世博会开幕式，2012 年 9 月来华出席宁洽会，2013 年出席第二届中国－太平洋岛国经济发展合作论坛并访问深圳、香港）、基里昂副总统（2002 年 10 月和 2006 年 7 月）、阿利克副总统（2009 年 7 月和 11 月，2010 年 8 月底至 9 月初出席上海世博会密国家馆日活动并访问宁夏和山东，2011 年 10 月出席第 12 届中国西部国际博览会，2014 年 10 月）、克里斯琴议长（2005 年 10 月）、菲吉尔议长（2008 年 10 月访问新疆，2011 年过境北京）、西米纳议长（2015 年 11 月）、副议长菲利普（2006 年 11 月）、普里莫（2010 年 10 月底至 11 月初出席上海世博会闭幕式并访问云南和湖北）。此外，2006 年 2 月，外长阿内法尔访华。2008 年 9 月，外长罗伯特来华出席北京残奥会开幕式。2009 年 6 月，密联邦议会代表团访华。2010 年 9 月，密联邦卫生与社会事务部长斯基林、副外长齐吉娅访华。

中方往访的主要有：全国人大常委会副委员长蒋正华（2007 年 9 月），外长李肇星（2006 年 7 月），副外长周文重（2005 年 2 月）、杨洁篪（2005 年 11 月），全国人大外事委员会副主任委员吉佩定（2006 年 5 月），中国－太平洋岛国论坛对话会特使王永秋（2007 年 3 月）、杜起文（2010 年 4 月、2015 年 3 月、2016 年 4 月）、李强民（2013 年 3 月）。此外，2007 年 7 月，外交部部长助理何亚非作为中国政府特使出席密联邦总统就职典礼。2011 年 7 月，卫生部副部长王国强作为中国政府特使出席密联邦新一届领导人就职庆典。国家海洋局局长王宏作为习近平主席特使于2015年7月赴密克罗尼西亚联邦出席新任总统彼得·克里斯琴的就职仪式。

二　双边经贸关系

2014年，中密贸易总额为1468万美元，同比下降1.6%。其中，中方出口额924万美元，同比增长87.2%；进口额544万美元，同比下降45.5%。

截至2014年年底，中国在密联邦的非金融类直接投资共886万美元，在密联邦的企业主要从事金枪鱼捕捞、贸易和餐饮行业，中密完成工程承包和劳务合作营业额2.17亿美元。中国现有18艘围网船和20艘冰鲜船在密联邦水域作业。

三　科技、文化交流

中国杂技魔术小组（1993年7月）、文艺演出小组（1996年9月）、河北沧州杂技团（1998年8月）、重庆杂技团（2010年6月）、宁夏艺术团（2011年2月）、广东艺术团（2011年7月）、中国武术代表团（2011年8月）、深圳市艺术团（2014年9月）曾分别赴密联邦访演。1995年4月，中国向密联邦派出两名乒乓球教练。2002年10月，中国中央电视台第9套节目（后改称英语新闻频道）在密联邦落地。2007年9月，密联邦雅浦州歌舞团赴深圳参加首届亚洲青年艺术节。

截至2014年，密联邦共有120名学生获中国奖学金到中国留学。中国于2006年起向密联邦派遣汉语教师，目前有一名教师在密克罗尼西亚大学任教。2007年，密克罗尼西亚大学与浙江海洋

大学结为友好院校。2010 年 1 月 21 日，密克罗尼西亚 - 中国友好协会在密联邦首都帕利基尔成立。

1998 年，山东省和科斯雷州建立友好省州关系。1999 年，浙江省和波纳佩州建立友好省州关系。2011 年，广东省和丘克州、宁夏回族自治区和雅浦州分别建立友好省（区）州关系。

四　重要双边协议

1989 年以来，中密两国签署的重要双边协议有《中华人民共和国和密克罗尼西亚联邦关于建立外交关系的联合公报》（1989 年 8 月 29 日）、《中华人民共和国政府和密克罗尼西亚联邦政府贸易协定》（1999 年 11 月）、《中华人民共和国国家旅游局和密克罗尼西亚联邦资源发展部关于中国旅游团队赴密克罗尼西亚联邦旅游实施方案的谅解备忘录》（2008 年 5 月）、《中华人民共和国政府和密克罗尼西亚联邦政府经济技术合作协定》（2014 年 11 月）、《中华人民共和国政府和密克罗尼西亚联邦政府关于中国帮助密克罗尼西亚联邦实施丘克州政府办公楼项目的换文》（2014 年 11 月）、《中国民用航空局与密克罗尼西亚联邦交通、通信和基础设施部关于在密联邦运行中国制造航空器的型号合格证认可和持续适航谅解备忘录》（2014 年 11 月）和《中华人民共和国政府和密克罗尼西亚联邦政府航空运输协定》（2015 年 5 月）等。

第二节　与其他主要大国的关系

一　与美国的关系

密联邦政府和美国政府一直保持着密切的联系和合作关系，而且密克罗尼西亚曾受美托管 40 多年，密联邦接受的外援也主要来自美国。密联邦公民可以自由出入美国，美国公民也可以自由出入密联邦。

根据 1986 年生效的密美《自由联系条约》，密联邦享有内政、外交自主权，但防务在 15 年内由美负责，密联邦不得让其他国家利用密联邦领土和海域从事军事目的性的活动。在 1986 ~ 2001 年的 15 年间，美共向密联邦提供了 13.4 亿美元的援助。2003 年 5 月，密美续签该条约，美承诺将在 20 年内继续向密联邦提供总额约 18 亿美元的援款，其中部分用于设立信托基金。美密现已成立由两国代表组成的联合经济管理委员会（Joint Economic Management Committee），以确保援助资金的有效利用，同时帮助密联邦政府增强其管理能力，实现经济自立。20 年后，美将停止援助，密联邦靠信托基金自力更生，但是这种自由联合的基本关系还会继续。密联邦同时也积极寻求从世界银行、亚洲开发银行等多边国际金融组织和澳、新（西兰）、日等国家获取援助。

现在美国在密联邦设立的联邦维持机构高达 25 个之多。密联邦公民可以自愿加入美军服役，也有进入美国军校学习的权利。

美国是密联邦最大的贸易伙伴，也是密联邦最大的进口来源国，来自美国的商品占密联邦进口总额的 2/3。密联邦产品可优惠向美出口。

密联邦在华盛顿设有使馆，在夏威夷和关岛设有领事馆。美驻密大使馆设在波纳佩州的科洛尼亚市。

二 与日本的关系

密克罗尼西亚曾被日本占领，日在密联邦有较多移民，双方有

较密切的政治和经济关系。日在密联邦派有志愿队员。日游客日益成为密联邦旅游业的支柱。密联邦在日设有使馆，2008 年，日本向密联邦派驻首任常驻大使。

日本是密联邦第二大援助国和最大进口国，迄今日本向密联邦提供无偿援助约 500 万美元，密联邦出口商品的 60% 输往日本。2000 年 9 月，双方签署日向密联邦捐款 400 万美元的协议。2001 年 5 月，密日签署换文，日向密联邦提供 850 万美元，用于雅浦州的道路发展项目。

由日本政府主导的日本和太平洋岛国首脑峰会始于 1997 年，每三年在日本举行一次。2012 年和 2015 年，密联邦总统莫里、克里斯琴分别赴日出席第六届、第七届会议。2015 年 5 月，日本在福岛县磐城市召开第七届日本和太平洋岛国首脑峰会，日本首相安倍晋三表示将在之后三年内向峰会成员国提供 550 亿日元（约合人民币 28 亿元）以上的援助。日本此次出资额虽较 2012 年会议时提出的约 400 亿日元有所增加，但由于日元贬值，换算成美元的金额较 2012 年的 5 亿美元减少了约 4000 万美元。不过，安倍也透露计划开展 4000 人规模的人才交流以培养太平洋岛国防灾等领域的专家。

密日之间签有捕鱼协定。日向密联邦提供的无偿援助主要用于在各州修建公路、码头和冷冻设施。2000 年 3 月，密联邦与日签署协议，日投资 280 万美元，帮助雅浦州的渔业及海运学校培训渔业人员。

三　与澳大利亚的关系

澳密于 1987 年 7 月建交，澳是最早向密联邦派出常驻大使的国家，近年来两国关系发展较快。澳大利亚是继美国和日本之后的密联邦的主要援助国，曾援助密联邦 3 艘巡逻艇，密联邦总统专程前往澳出席移交仪式。澳大利亚派海军在密联邦培训密方人员并负责巡逻艇维修的费用，还向密联邦提供少量奖学金名额。1990 年 5 月，波纳佩州政府同澳金枪鱼开发公司达成了在密联邦合资捕鱼的协议，建立"加罗林渔业公司"，投资总额达 1300 万美元。1996 年开始，澳每年向密联邦提供约 10 个奖学金名额及一些短期培训项目。1998 年，澳向密联邦提供了总额约 70 万澳元的各类援助。澳也不时向密克罗尼西亚大学和其他社会团体提供小额捐款。2000～2001 年，澳共向密联邦医疗、教育部门提供了 110 万澳元的援助。2011 年 2 月，澳大利亚国会太平洋事务秘书长理查德·马尔斯（Richard Marles）率团访问密联邦。

第三节　与国际组织的关系

密联邦积极加入主要国际和地区组织，参与各类国际和地区事务，并谋求获取各类国际和地区组织对其发展经济和关注气候变化的理解与支持。迄今为止，密联邦加入的主要国际和地区组织如表 7-1 所示。

表 7-1　密克罗尼西亚联邦加入的主要国际和地区组织

组织名称（中文）	组织名称（英语）
联合国	United Nations
国际货币基金组织	International Monetary Fund
世界银行	World Bank
科托努协定	Cotonou Agreement
小岛屿国家联盟	Alliance of Small Island States
亚洲开发银行	Asian Development Bank

续表

组织名称（中文）	组织名称（英语）
亚洲及太平洋经济社会委员会（亚太经社理事会）	Economic and Social Commission for Asia and the Pacific
粮食及农业组织（粮农组织）	Food and Agriculture Organization
77国集团	G – 77
国际复兴开发银行	International Bank for Reconstruction and Development
国际民航组织	International Civil Aviation Organization
红十字会与红新月会国际联合会	International Federation of Red Cross and Red Crescent Societies
国际开发协会	International Development Association
国际金融公司	International Finance Corporation
国际奥委会	International Olympic Committee
国际电信联盟	International Telecommunication Union
世界气象组织	World Meteorological Organization
太平洋岛国论坛	Pacific Islands Forum
太平洋共同体	Pacific Community
中西太平洋渔业委员会①	Western and Central Pacific Fisheries Commission
亚洲和太平洋椰子共同体	Asian and Pacific Coconut Community
亚太广播联盟	Asia – Pacific Broadcasting Union
世界卫生组织	World Health Organization
瑙鲁协定②	Nauru Agreement Concerning Cooperation in the Management of Fisheries of Common Interest

注：①该委员会总部设在密联邦。
②该组织控制25%～30%的世界金枪鱼供应量和60%的中西太平洋金枪鱼供应量。

　　1991年7月和1998年8月，密联邦成功举办了第22届和第29届太平洋岛国论坛首脑会议。1997年9月，密联邦主办了太平洋区域环境署第6次会议。中西部太平洋高度洄游鱼类养护和管理公约委员会总部设在密联邦波纳佩州。2004年12月，该委员会成立大会在密联邦波纳佩州举行。2005年12月，首次会议在该州召开。

　　中国自1990年起以非本地区成员国的身份参加太平洋岛国论坛对话会，加强了同论坛及其成员的合作关系。2002年9月11日，太平洋岛国论坛驻华贸易代表处在北京正式开馆，后更名为太平洋岛国贸易与投资专员署（Pacific Islands Trade and Invest）。2006年，中国－太平洋岛国经济发展合作论坛首届部长级会议在斐济楠迪召开。会议期间，中国政府和8个已建交太平洋岛国签署了《中国－太平洋岛国经济发展合作行动纲领》。2009年6月，太平洋岛国议会代表团集体访华。2013年11月，第2届中国－太平洋岛国经济发展合作论坛在广州召开。

大事纪年

大约 5000 年前	来自日本、中国、菲律宾群岛的蒙古人种来到雅浦岛及其周边岛屿。
大约 12 世纪中期	邵德雷尔王朝建立。
16 世纪	西班牙人到达加罗林群岛。
1686 年	西班牙人为加罗林群岛命名。
1732 年	西班牙传教士和当地居民发生激烈冲突。
1885 年	西班牙占领密克罗尼西亚联邦所在地，并把它并入西班牙东印度群岛的统治范围，让其接受菲律宾的管理。
1886 ~ 1887 年	西班牙人定居并建立了雅浦和波纳佩管理总部。
1890 年	日本商人创立南海贸易公司。
1892 年	日本商人在楚克建立商店，日本人开始与楚克人交往。
1899 年 2 月 6 日	美西《巴黎和约》得到美国国会批准。西班牙以 2000 万美元的价格把

	古巴、波多黎各、关岛和菲律宾割让给美国。美国占据了西班牙在南太平洋的众多殖民地。
1899 年 2 月 12 日	西班牙和德意志帝国签订了《西德条约》，密克罗尼西亚进入德国统治时期，行政上隶属德属新几内亚。
1907 年	德国政府允许日本人在楚克进行贸易。
1914 年 9 月	日军占领雅浦。
1920 年	日本在国际联盟的授权下开始了它的正式行政管理，成为楚克及其周边岛屿的实际占领者。
1922 年	根据《凡尔赛条约》，日军在波纳佩驻扎，并在科洛尼亚建立南太平洋地区行政首都。
1930 年	一家日本金枪鱼罐头公司在波纳佩建立，此后大量的日本人从北海道等地迁入。
1931 年	南太平洋地区政府在帕劳创建海洋产品实验站。
1943 年	日本对密克罗尼西亚进行军事管理，地区总部迁移至楚克。
1944 年 2 月 17～18 日	美军在楚克实施攻击作战计划，代号为"冰雹风暴"。
1945 年 8 月	美国 B29 轰炸机从天宁岛上升空，

	向日本发射了二战中唯一的原子弹。
1945 年	美国海军驻扎，充当管理者。
1947 年 7 月 18 日	密克罗尼西亚成为美国的"太平洋岛屿托管领土"，进入美国托管时期。
1951 年	美国内政部从美国海军手中接管托管地区，撤销了在关岛的司令部，在塞班岛建立基地。
1952 年	第一所普通高等中学在楚克州建成。
1961 年	联合国代表团访问。
1962 年	肯尼迪签署了《国家安全行动备忘录》第 145 号文件。
1962 年	美国对这块托管领土的财政预算拨款增加了一倍，达到 1500 万美元。
1963 年	美国管理部门拨款 1000 万美元启动了一项紧急教育计划，旨在建立 500 间教室和引进 400 名美国教师到密小学和中学教书。
1963 年	密克罗尼西亚师范教育中心（密克罗尼西亚大学前身）成立。
1964 年	托管领土所有地区都有了自己的中学。
1969 年	密开始就未来政治地位与美国谈判。
1977 年	科斯雷州设立，从波纳佩州分离。

1978 年	经岛民选择，密开始实行自治共和政体。
1979 年	由联合国和美国筹划的密克罗尼西亚联邦宪法草案公投在托管地六区举行（北马里亚纳群岛此时在政治上已与美国合并）。
1979 年 5 月 10 日	联邦宪法通过并生效。
1980 年	波纳佩市更名为科洛尼亚，作为波纳佩州的行政中心。
1982 年	密克罗尼西亚联邦宪法第 18 条确立了领海从岛屿基线算起宽度为 12 海里，同时也以此基线设定了 200 海里专属经济区制度。
1984 年 11 月 8 日	波纳佩（州、岛）的名字，由 Ponape 更名为 Pohnpei。
1986 年	密克罗尼西亚联邦解除托管地身份而正式获得独立地位。同年 11 月 3 日，密美《自由联系条约》第一期开始生效。
1987 年 7 月	密联邦与澳大利亚建交。
1989 年 9 月 11 日	密联邦与中国建立外交关系。
1989 年 10 月 1 日	楚克州（Truk）更名为丘克州（Chuuk）。
1989 年	首都从科洛尼亚迁到帕利基尔。
1989 年	密联邦政府颁布了《外商投资法》。

1990 年	在雅浦成立了密克罗尼西亚海洋与渔业研究院。
1990 年 2 月	中国在密联邦设立使馆。
1990 年 12 月	联合国安理会召开正式会议，通过了终止部分太平洋托管领土协定的决议，正式结束密克罗尼西亚联邦的托管地位。
1991 年 5 月、1995 年 5 月	贝利·奥尔特两次当选为总统。
1991 年 9 月 17 日	密联邦成为联合国正式会员国。
1992 年	中国与密克罗尼西亚联邦的渔业合作开始。
1992 年	密联邦制定《外商投资管理条例》。
1996 年 11 月 8 日	密联邦国会宣布由副总统雅各布·尼纳以代总统身份行使总统职权。尼纳于 1997 年 5 月 8 日正式就任总统。
1998 年	中国开始在密联邦建立示范农场。
1999 年 7 月	利奥·法尔卡姆就任密联邦第五任总统。
2003 年	密美双方就《自由联系条约》续约事宜达成协议，将该条约延长 20 年至 2023 年。
2006 年	国家汉办（孔子学院总部）开始向密克罗尼西亚大学派驻汉语教师，开设汉语课程。

2008 年 8 月	密联邦体育代表团参加北京奥运会。
2008 年 12 月	密联邦医保委员会通过了医疗保险五年战略发展计划。
2008 年	日本向密联邦派驻首任常驻大使。
2009 年 7 月	密联邦莫里总统致函各州州长并提交国家能源政策草案。
2009 年	中国开始向密联邦丘克州派遣医生。
2010 年 4 月	中国－太平洋岛国论坛对话会杜起文特使访密。
2010 年 7 月	密联邦首任驻华大使苏赛亚递交国书。
2014 年 5 月 8 日	丘克州约翰州长签署了鲨鱼禁捕法案。
2014 年 11 月 22 日	习近平主席在斐济楠迪同密联邦总统莫里会晤，双方一致同意建立相互尊重、共同发展的战略伙伴关系。
2014 年	中国和密联邦进出口贸易总额为 1468 万美元。
2015 年 1 月 21 日	李杰大使向莫里总统递交国书。
2015 年 3 月 29 日～4 月 1 日	密联邦丘克州和雅浦州遭遇强台风袭击。
2015 年 5 月 11 日	彼得·克里斯琴当选密联邦总统。
2015 年 5 月 11 日	第 19 届国会议员宣誓就职。现任议长为韦斯利·西米纳。
2015 年 5 月 12 日	习近平主席致电克里斯琴，祝贺他

当选密联邦总统。

2015 年 5 月 20 ~ 23 日　　克里斯琴总统出席在日本举行的第七届日本 – 太平洋岛国领导人峰会，这是其就任第八任密联邦总统后的首次海外出访。

参考文献

一 中文文献

贺光辉：《美日对外援助之比较》，复旦大学博士论文，2003。

刘建峰、陈德正：《中国与南太平洋岛国旅游合作形势与对策研究》，《中国市场》2014 年第 45 期。

庞中英：《中国援外政策的"三力"原则》，《瞭望》2010 年第 35 期。

王作成、孙雪岩：《20 世纪以来中国的太平洋岛国研究综述》，《太平洋学报》2014 年第 11 期。

徐秀军：《中国发展南太平洋地区关系的外交战略》，《太平洋学报》2014 年第 11 期。

薛宏：《对外援助：几代领导人的战略决策》，《世界知识》2011 年第 13 期。

朱江峰、戴小杰：《中西太平洋金枪鱼围网渔业现状及我国发展对策》，《中国渔业经济》2009 年第 1 期。

二 英文文献

Demmke, Andreas, et. al. , *Federated States of Micronesia Population*

Profile: *A Guide for Planners and Policy - Makers*, South Pacific Commission, 1997.

Falgout, Suzanne, "Americans in Paradise: Custom, Democracy, and Anthropology in Postwar Micronesia," *Ethnology*, 1995, 34 (2): 99 - 111.

Flinn, Juliana, *Diplomas and Thatch Houses*: *Asserting Tradition in a Changing Micronesia*, University of Michigan Press, 1992.

International Monetary Fund, *Marshall Islands and Federated States of Micronesia*, 1995.

Keating, Elizabeth, *Power Sharing*: *Language, Rank, Gender, and Social Space in Pohnpei, Micronesia*, Oxford University Press, 1998.

Kiste, Robert C. , and Mac Marshall, eds. , *American Anthropology in Micronesia*: *An Assessment*, University of Hawaii Press, 1999.

Perin, Dan, *Economic Use of Land in the FSM*: *A Review and Description of Land Tenure Systems in the FSM*, Economic Management Policy Advisory Team, 1996.

Pinsker, Eve C. , *Point of Order, Point of Change*: *Nation, Culture, and Community in the Federated States of Micronesia*, Ph. D. Dissertation, University of Chicago, 1997.

Ward, Martha C. , *Nest in the Wind*: *Adventures in Anthropology on a Tropical Island*, Waveland Press, 1989.

三　主要网站

密联邦国会（http: //www. fsmcongress. fm）

密联邦总统办公室（http：//www. fsmpio. fm/）

密联邦最高法院（http：//www. fsmsupremecourt. org/）

密联邦旅游局（http：//www. visit – micronesia. fm/index. html）

密克罗尼西亚大学（http：//www. comfsm. fm）

中国外交部网站（http：//www. fmprc. gov. cn/mfa_ chn/）

中国商务部网站（http：//www. fmprc. gov. cn/mfa_ chn/）

中国驻密联邦大使馆（http：//fm. chineseembassy. org/）

索　引

新版《列国志》总书目

亚洲

阿富汗
阿拉伯联合酋长国
阿曼
阿塞拜疆
巴基斯坦
巴勒斯坦
巴林
不丹
朝鲜
东帝汶
菲律宾
格鲁吉亚
哈萨克斯坦
韩国
吉尔吉斯斯坦
柬埔寨
卡塔尔
科威特
老挝
黎巴嫩
马尔代夫

马来西亚
蒙古国
孟加拉国
缅甸
尼泊尔
日本
沙特阿拉伯
斯里兰卡
塔吉克斯坦
泰国
土耳其
土库曼斯坦
文莱
乌兹别克斯坦
新加坡
叙利亚
亚美尼亚
也门
伊拉克
伊朗
以色列
印度
印度尼西亚
约旦
越南

非洲

阿尔及利亚

埃及

埃塞俄比亚

安哥拉

贝宁

博茨瓦纳

布基纳法索

布隆迪

赤道几内亚

多哥

厄立特里亚

佛得角

冈比亚

刚果

刚果民主共和国

吉布提

几内亚

几内亚比绍

加纳

加蓬

津巴布韦

喀麦隆

科摩罗

科特迪瓦

肯尼亚

莱索托

利比里亚

利比亚

卢旺达

马达加斯加

马拉维

马里

毛里求斯

毛里塔尼亚

摩洛哥

莫桑比克

纳米比亚

南非

南苏丹

尼日尔

尼日利亚

塞拉利昂

塞内加尔

塞舌尔

圣多美和普林西比

斯威士兰

苏丹

索马里

坦桑尼亚

突尼斯

乌干达

赞比亚

乍得

中非

欧洲

阿尔巴尼亚

爱尔兰

爱沙尼亚

安道尔

奥地利

白俄罗斯

保加利亚

北马其顿

比利时

冰岛

波兰

波斯尼亚和黑塞哥维那

丹麦

德国

俄罗斯

法国

梵蒂冈

芬兰

荷兰

黑山

捷克

克罗地亚

拉脱维亚

立陶宛

列支敦士登

卢森堡

罗马尼亚

马耳他

摩尔多瓦

摩纳哥

挪威

葡萄牙

瑞典

瑞士

塞尔维亚

塞浦路斯

圣马力诺

斯洛伐克

斯洛文尼亚

乌克兰

西班牙

希腊

匈牙利

意大利

英国

美洲

阿根廷

安提瓜和巴布达

巴巴多斯

巴哈马

巴拉圭

巴拿马

巴西

秘鲁

玻利维亚

伯利兹

多米尼加

多米尼克

厄瓜多尔

哥伦比亚

哥斯达黎加

格林纳达

古巴

圭亚那

海地

洪都拉斯

加拿大

美国

墨西哥

尼加拉瓜

萨尔瓦多

圣基茨和尼维斯

圣卢西亚

圣文森特和格林纳丁斯

苏里南

特立尼达和多巴哥

危地马拉

委内瑞拉

乌拉圭

牙买加

智利

斐济

基里巴斯

库克群岛

马绍尔群岛

密克罗尼西亚

瑙鲁

纽埃

帕劳

萨摩亚

所罗门群岛

汤加

图瓦卢

瓦努阿图

新西兰

大洋洲

澳大利亚

巴布亚新几内亚

国别区域与全球治理数据平台

www.crggcn.com

　　"国别区域与全球治理数据平台"（Countries，Regions and Global Governance，CRGG）是社会科学文献出版社重点打造的学术型数字产品，对接国别区域这一重点新兴学科，围绕国别研究、区域研究、国际组织、全球智库等领域，全方位整合基础信息、一手资料、科研成果，文献量达30余万篇。该产品已建设成为国别区域与全球治理数据资源与研究成果整合发布平台，可提供包括资源获取、科研技术服务、成果发布与传播等在内的多层次、全方位的学术服务。

　　从国别区域和全球治理研究角度出发，"国别区域与全球治理数据平台"下设国别研究数据库、区域研究数据库、国际组织数据库、全球智库数据库、学术专题数据库和学术资讯数据库6大数据库。在资源类型方面，除专题图书、智库报告和学术论文外，平台还包括数据图表、档案文件和学术资讯。在文献检索方面，平台支持全文检索、高级检索，并可按照相关度和出版时间进行排序。

　　"国别区域与全球治理数据平台"应用广泛。针对高校及国别区域科研机构，平台可提供专业的知识服务，通过丰富的研究参考资料和学术服务推动国别区域研究的学科建设与发展，提升智库学术科研及政策建言能力；针对政府及外事机构，平台可提供资政参考，为相关国际事务决策提供理论依据与资讯支持，切实服务国家对外战略。

数据库体验卡服务指南

※100元数据库体验卡，可在"国别区域与全球治理数据平台"充值和使用

充值卡使用说明：
第1步 刮开附赠充值卡的涂层；
第2步 登录国别区域与全球治理数据平台（www.crggcn.com），注册账号；
第3步 登录并进入"会员中心"→"在线充值"→"充值卡充值"，充值成功后即可使用。

声明

客服QQ：671079496
客服邮箱：crgg@ssap.cn

欢迎登录社会科学文献出版社官网（www.ssap.com.cn）和国别区域与全球治理数据平台（www.crggcn.com）了解更多信息

图书在版编目（CIP）数据

密克罗尼西亚 / 丁海彬编著. －－北京：社会科学
文献出版社，2016.8（2022.3 重印）
（列国志：新版）
ISBN 978 - 7 - 5097 - 9511 - 8

Ⅰ.①密… Ⅱ.①丁… Ⅲ.①密克罗尼西亚 - 概况
Ⅳ.①K965

中国版本图书馆 CIP 数据核字（2016）第 176265 号

·列国志（新版）·
密克罗尼西亚（Micronesia）

编　　著／丁海彬

出 版 人／王利民
项目统筹／张晓莉
责任编辑／孙以年　王浩娉
责任印制／王京美

出　　版／社会科学文献出版社·国别区域分社（010）59367078
　　　　　　地址：北京市北三环中路甲 29 号院华龙大厦　邮编：100029
　　　　　　网址：www.ssap.com.cn
发　　行／社会科学文献出版社（010）59367028
印　　装／唐山玺诚印务有限公司

规　　格／开本：787mm × 1092mm　1/16
　　　　　　印张：10　插页：0.75　字数：107 千字
版　　次／2016 年 8 月第 1 版　2022 年 3 月第 3 次印刷
书　　号／ISBN 978 - 7 - 5097 - 9511 - 8
定　　价／59.00 元

读者服务电话：4008918866